KB059911

육아 말고 뭐라도

워라밸과
네트워크로 무장한
밀레니얼 엄마가 온다

육아 말고 뭐라도

김혜송 · 이다랑 · 원혜성 · 김미애 · 강경 · 안효진

세종
서적

추천의 글

　스타트업계에 입문했을 때부터 많은 사람들이 저에게 조언을 구해왔습니다. 9년의 시간이 흐르는 동안, 제가 드린 조언은 대부분 "하지 말라"였습니다. 창업가들의 용기와 창의력을 존중하고, 스타트업이 우리의 미래를 만드는 원동력이라고 믿고 있지만, 웬만하면 하지 말아야 하는 이유를 대면서 열심히 찬물을 끼얹었었지요. 물론 스타트업의 어려움을 피부로 느낀 입장에서 말리고 싶은 마음도 있었지만, 다른 이유도 있었습니다. 저를 포함한 타인의 의견으로 확신이 흔들린다면 본 게임에 들어간 후 버텨낼 수 없을 거라는 생각 때문이었습니다.

　애플 창업가 스티브 잡스가 확신을 심어 불가능한 일도 해내게 하는 "현실왜곡장 reality distortion field"으로 유명했던 만큼, 스타트업 창업가는 타인들의 부정적인 시선 및 관점은 물론, 예상하지 못한 위기와 꼭 밀려오는 어려운 순간들을 견딜 수 있는 불굴의 의지가 꼭 필요하다고 생각했습니다.

　그런데 이 책을 읽으면서 조금 다른 생각이 들었습니다. 이 책의 저자인 여섯 명의 대표들은 태어날 때부터 이미 여성, 엄마라는 이유만으로 직간접적인 반대를 경험해왔을 겁니다. 창업은 남성들의 분야라는 인식도 무시할 수 없는 큰 장벽이었겠지요. 이런 냉정한 현실 앞에서 '엄마 창업가'라는 길을 선택한 저자들의 용기에 박수를 보냅니다.

이 책은 엄마들이 창업을 하면서 겪는 여러 어려움에 대한 스토리만이 아닌, 창업과 가정의 균형을 잡는 방법까지 잘 제시하고 있습니다. '의미 있는 성공'이란 아이디어의 신박함이나 전략만이 아닌, 겸손과 자신감, 지혜와 과감함, 그리고 무엇보다 개개인이 가진 성품에서 비롯된다는 것을 느끼게 합니다. 스타트업을 고민하는 엄마들은 물론, 스타트업 종사자라면 누구나 이 책을 통해 큰 힘과 희망을 얻게 되리라 확신합니다.

이들과 함께 할 수 있어서 큰 영광입니다.

한상현

구글 스타트업 캠퍼스 한국 총괄

여는 글

'자? 나 할 말 있는데…'

새벽 1시에 울리는 카톡, 아쉽게도 헤어진 남친도 썸남도 아니다. 오후 4시면 유리 구두를 떨어뜨린 신데렐라처럼 홀연히 사라졌다가 밤 9시만 되면 좀비처럼 노트북 앞에 앉아 맥주캔을 따는 우리는 랜선 동료들이다. '구글 스타트업 캠퍼스'에서 진행된 '엄마를 위한 캠퍼스 campus for moms' 2기. 우리는 엄마라는 이름 옆에 창업이라는 작은 포스트잇 하나 붙인 채로 그렇게 만났다.

3년 전 그때를 돌아보면 감회가 새롭다. 누군가의 아내, 누군가의 엄마, 누군가의 며느리… 태어날 때 받아든 이름은 하나인데, 언제부터인가 내 앞에 붙어있는 수식어가 내 나이만큼이나 버겁게 느껴지던 때였다. 엄마라는 역할의 위대함을 잘 알면서도 언제부터인가 사라져버린 나의 이름 석 자의 나이테가 문득문득 그리워지던 그런 때였다.

'육아 말고 뭐라도… 뭐라도 하고 싶다!'

온전히 '나'로서 존재하는 시간이 절실했다. 거창한 일이 아니라도 하루 단 몇 시간만 '육아'를 내려놓고 나를 위한 일을 하고 싶었다.

'엄마를 위한 캠퍼스'는 그런 열망을 현실로 끌어올렸다.

"사업자등록증은 꼭 내야 하나요?"

"스타트업이 뭐예요?"

이따위 무식이 통통 튀는 소리를 해대며 9주간의 교육이 끝나갈 무렵에는 그래도 제법 각자의 손에 새로운 사업 아이템이 들려있었으니 장족의 발전이 아닐 수 없었다. 일주일에 하루, 9주 동안 진행된 수업은 내용도 알찼지만, 수업을 통해 얻는 감동은 그 이상이었다.

아이를 키우면서 창업을 이루어낸 우리를 보면 누군가는 대단하다고 이야기하겠지만, 우리 역시 아이 하원시간에 맞춰 놀이터로 달려가는 지극히 평범한 엄마다. 함께 욕하고, 함께 등 떠밀어줬다가, 가끔은 함께 꼬꾸라져 모니터에 대고 맥주캔을 두드리는 우리는 대부분의 엄마 창업가가 그러하듯 그냥 보통의 애엄마다. 하지만 우리가 '보통의 엄마'라서 이 모든 것이 가능하지 않았을까?

이제 와서 내가 뭘 잘할 수 있을까 수백 번 고민하다가 '뭐라도' 해보자며 또다시 노트북을 켜는 우리는, 엄마라는 가장 어려운 산을 넘고 있기에 어쩌면 '무엇이든' 할 수 있는 사람들일지도 모른다.

거창한 것이 아니라도 괜찮다.

육아 말고 뭐라도, 그렇게 한 발을 떼어보자.

김미애
아트상회 대표

CONTENTS

PART 5
김성, 코코아그룹, 빼통 대표

N잡 전성시대, 나는야 엔잡러
동시에 세 가지 직업으로 사는 삶 _ 176

엄마라서
창업했다

나는 미래가
어떻게 전개될지는
모르지만

그 미래를
누가 결정하는지는
안다.

오프라 윈프리

홈 스타일링을 넘어 삶을 스타일링하다

김혜송
홈 스타일링 및 리빙 브랜드 스타일앳홈(Style At Home) 대표

어떻게
1년 만에 매출을
10배나 올렸을까?

10년 넘게 인테리어 회사에서 일하며 키운 꿈이 있었다.
바로 공간기획자.
공간에 콘셉트를 정하고, 특별한 의미와 가치를 부여해
공간을 이용하는 이들에게 최대한의 만족을 주는 일이다.
나는 결혼과 출산 후 일과 육아, 둘 중 하나를 택하는 대신
제3의 길 창업을 선택하며 꿈을 향해 한 발 내딛었다.
홈 스타일링 및 리빙 브랜드를 표방하고 온라인에 쇼핑몰을 열었다.
제품에 나만의 스타일링을 더해 온라인 사이트에 올려 판매하고 있으며
온라인 사이트에 이어 오프라인 스튜디오도 오픈했다.
꿈과 현실 사이에서 타협할 수밖에 없었지만 문득 되돌아보니
처음 목표했던 길에 조금씩 다가가는 일을 하고 있다.

온전한
나로 사는 법

나는 다섯 살 아이의 엄마다. 한창 떼쓰고 자기주장이 생길 때라 이 나이의 자녀를 둔 부모라면 다들 그러하듯 하루가 정신 없이 흘러간다. 아이가 유치원에 가고 나면 본격적으로 내 업무가 시 작된다. 주어진 시간이 제한적이기 때문에 정해진 시간에 업무를 마치 려면 집중해서 일하고 부지런을 떨어야 한다. 아이가 돌아오면 가급적 아이와 시간을 보내고, 아이가 잠든 늦은 밤 남은 업무를 마무리한다.

창업을 한 이후 일 분 일 초도 허투루 보낸 적이 없는 것 같다. 정신 없이 하루하루를 보내지만 그 속에서 매 순간 행복을 느낀다.

그렇다. 나는 결혼과 출산 이후 육아와 취업의 두 갈림길에서 제3의 길, 창업을 선택한 워킹맘이다.

육아와 취업이 아닌 제3의 길

나는 대학에서 인테리어 디자인을 전공하고 인테리어 회사에서만 10년간 근무했다. 설계에서부터 디스플레이, 코디네이션, 기획까지 다양한 분야를 두루 거쳤다. 일은 적성에도 맞고 재미있었다. 일을 즐기는 만큼 실력도 인정받았다. 하지만 회사는 결코 오래 머물 수 있는 곳이 아니었다. 요즘은 분야를 막론하고 고용이 안정된 직장을 찾아보기 힘들지만, 특히 인테리어는 워낙 트렌드에 민감한 업종이어서 경영자를 제외하고 40대 중반을 넘어선 직원을 찾아보기 어려웠다. 독하게 회사에 다닌다고 해도 어차피 한창 일할 나이에 밀려날 수밖에 없는 것이 현실이었다. 어차피 안정된 직장을 찾기 힘들 바에는 디자이너로 내 이름 걸고 브랜드를 만들고 싶었다. 이 꿈은 사회에 첫발을 내딛을 때부터 어렴풋하게나마 마음속에 품고 있었다. 오래전부터 꿈꾸었지만 어떤 일을 언제, 어떻게 하게 될지에 대한 구체적인 계획이 없었다.

결혼하고 임신을 하면서 본격적인 고민이 시작됐다. 아침 9시까지 출근하려면 7시 30분에는 집을 나서야 하고 퇴근을 정시에 한다고 해도 집에 오면 저녁 7시 30분. 그럼 아이를 12시간 동안 남의 손에 맡겨야 한다는 계산이 나왔다. 국·공립 어린이집 들어가기는 하늘의 별 따기였고, 집 주변의 어린이집들은 대부분 9시부터 4시까지 아이를 돌봐주었다. 등하원 도우미를 구하면 어찌어찌 회사 다니는 일이 가능할지도 모른다. 그러나 아이가 아프기라도 하면? 야근이라도 하는 날엔? 늦은 시간에 퇴근해 집안일에, 혹여 회사에서 끝내지 못한 일까지 하게 된다면 밤 12시에나 잠자리에 들 수 있을까? 아이하고 놀아주기는커녕 아이와 제대로 눈 맞출 시간도 없을 것이 뻔해 보였다. 과연 그런 고단한 일상을 버텨낼 수 있을까?

맞벌이 여성인 워킹맘 5명 중 1명이 일과 육아를 병행할 수 없어 사표를 쓰는 게 현실이다. 현실의 벽은 한 개인이 넘어서기에 높고 단단하다. 그렇다고 세상 탓, 남 탓만 하고 있을 수도 없었다. 한 번뿐인 내 소중한 인생이니까.

어느 육아서를 보는데, 한 구절이 가슴에 사무쳤다.

아이 낳고 직장생활을 계속 하려면 3년간은 안 잘릴 정도로 눈 막고 귀 막고 버티라고…. 승진이나 해보고 싶은 프로젝트는 3년 뒤부터 생각하라고….

그렇게까지 해서 직장생활을 유지해야 할지 판단이 서지 않았다. 나에게 중요한 것이 무엇인지 떠올렸다. 우선 엄마가 가장 필요한 시기에 아이 옆에 있어주고 싶었다. 누가 강요한 것도 아닌데 내 마음이 그랬다. 그 예쁜 시기에 아이가 커가는 모습 하나하나를 내 눈에 담아두고 오래 기억하고 싶었다. 결국 나는 퇴사를 결심했다.

생각해보면 사회생활을 시작했던 20대 때부터 창업을 생각했다. 하지만 그 당시에 생각한 창업은 어떻게 해야 하는지, 내가 정말 잘할 수 있는지, 아무 계획도 없는 그저 막연한 꿈같은 거였다. 30대가 되고, 일과 육아를 두고 고민하는 현실에 부딪히자 이제 때가 되었음을 직감했다.

완벽한
선택은 없다

우리 인생은 크고 작은 선택으로 이루어져 있다. 오늘 점심 메뉴 선택에서부터 어떤 진로를 선택할지까지 다양한 선택들이 각자의 인생을 만든다. 그래서 나는 뭔가를 선택할 때 신중한 편이다. 이리저리 따져보고 최선의 결정을 하려고 한다.

일과 육아를 놓고 고민할 때도 그랬다. 둘 다 모두 잘해낼 방법은 애초부터 없었던 것인지 아무리 찾고 또 찾아도 바늘구멍만 한 희망조차 보이지 않았다. 친정언니처럼 보육시설이 잘 갖춰진 대기업에라도 다닌다면 모를까, 소설《82년생 김지영》의 주인공처럼 내게도 애초부터 출구 없는 몸부림이나 마찬가지였다.

만약 회사를 그만두고 아이만 키운다면? 나처럼 사람들과 부대끼며 일하는 것을 즐기는 사람이 과연 집에서 아이만 키우며 살 수 있을까? 또한 맞벌이를 하다 남편 월급만으로 살아야 한다고 생각하니 당장 우리 집 경제 사정도 걱정이 됐다. 여러 경우의 수를 두고 하루에도 몇 번씩 시나리오를 썼다 지웠다 반복했다. 임신을 하면서 시작된 고민은 출산휴가에 들어갈 때까지도 해결될 기미가 보이지 않았다.

육아 때문에 일을 포기하거나 일 때문에 육아에 소홀해지는 것은 원치 않았다. 양자택일의 함정에 빠지기는 싫었다. 둘 중 하나를 선택한 후 나머지 하나를 평생 아쉬워하고 후회하면서 살고 싶지 않았다.

왜 꼭 둘 중 하나를 선택해야 하는 거지?

둘 다 놓지 못하겠다는 것이 그렇게 가당찮은 욕심인가?

출구가 없다면 벽을 뚫거나 입구로 돌아 나와 다른 길을 찾아야지, 없는 출구를 찾아 헤매는 건 내 스타일이 아니었다. 벽을 뚫을 힘과 용기는 없었으므로 입구로 돌아 나와 다른 길을 찾아보기 시작했다.

무엇보다 나는 죽을 때까지 내 일을 하고 싶었다. 그 누구의 눈치도 보지 않고, 잘릴 걱정도 없고, 내가 좋아서 하는 일, 그런 나만의 일을 갖고 싶었다.

선택했다면 최선을 다할 뿐

막상 창업하기로 결심은 했는데 아이템을 정하기가 쉽지 않았다. 인테리어도 워낙 광범위하니까 좀 더 세분화하여 특징이 있는 아이템을 찾아야 했다. 창업이 오랜 꿈이었는데 실천하지 못한 데는 명확한 아이템을 찾지 못한 것도 큰 이유였다. 하고 싶은 일은 많은데 비즈니스

모델이 될지 확신이 서지 않았다.

대학 때부터 지금까지 해온 일이자 할 줄 아는 거라곤 인테리어와 관련된 것뿐이었다. 캐드 작업부터 인테리어 코디네이션, 마케팅 기획 업무까지 인테리어 관련된 일들을 거의 다 해보았다. 머릿속으로 과거 해온 일들을 떠올려보았다. 어떤 일을 할 때 가장 좋았는지, 보람이 있었는지. 오래지 않아 답이 나왔다. 퇴사하기 전에 했던 공간기획 업무를 무척 재미있게 했던 기억을 떠올리며 그 일을 좀 더 전문적으로 하면 좋겠다는 생각이 들었다.

생각 끝에 내 자신을 객관적으로 분석해봤다. 공간기획으로 과연 밥벌이를 할 만큼 특별한 기술이나 재능이 있는가? 자신이 없었다. 어떤 일을 좋아한다고 해서 잘한다는 의미는 아니다. 좋아하는 일과 잘하는 일이 같다면 더없이 행복하겠지만 사실 그런 경우는 많지 않다. 능력이 되지 않을뿐더러 나보다 훨씬 획기적인 기획력을 가진 사람들이 많았다. 그들을 이길 수 있을까.

창업해서 밥벌이를 할 수 있을까?

창업 아이템을 결정하는 데 많은 시간을 쏟아부었지만 쉽사리 결론이 나지 않았다. 잘하는 일과 좋아하는 일 사이에서 갈팡질팡하면서 시간은 흘러가고 있었다.

그즈음 한창 블로그에 빠져 있었다. 내 자신을 시험해보고 싶은 마음에 공간기획에 대한 내용을 중점적으로 올리고 있었다. 글 하나하나를 공들여 작성했지만 20여 편을 쓸 때까지 누구 하나 관심을 가져주지 않아 슬슬 의욕이 꺾이려던 참이었다. 그러다 별 기대 없이 신혼집에 대한 기록으로 우리 집 사진을 올리고 인테리어를 소개하는 글을 올렸는데, 이 글이 포털사이트 메인에 노출되면서 수많은 방문객이 들어왔다.

온라인 집들이가 유행하기 시작하던 때였다. 온라인 집들이란 자신의 집 구석구석을 소셜 미디어를 통해, 사진이나 영상으로 소개하는 것을 말한다. 뜻밖에 포털사이트 메인에 노출되면서 수많은 방문객이 들어오고 사람들의 반응도 뜨거웠다. 많은 사람들이 내 블로그를 방문해서는 우리 집 가구나 소품 등에 대해 물어왔다.

'그래… 하고 싶은 일과 잘 하는 일에 대한 괴리감을 떨쳐버리고 내가 잘할 수 있는 일을 선택하자.'

일단 인테리어, 그중에서도 홈 스타일링 쪽으로 분야를 좁혔다. 그리고 시간을 더 허비하기 전에 작은 일이라도 먼저 시작하기로 했다. 준비만 하다가는 평생 시작도 못할 것 같았다.

작은 변화로 공간에 변화가 일어나듯 인생도 마찬가지다. 소소한 변화들이 쌓여 내 인생이 바뀐다고 믿는다. 뭐라도 할 때 두려움은 깨지는 법이고 작은 변화는 큰 변화를 일으키는 단초가 될 것이다.

단, 스스로 조건을 달았다. 일단 1년 동안 열심히 해보자. 1년 후에 수익이 회사에서 받던 월급만큼 나오면 이 일을 계속 이어가고, 그렇지 않으면 깨끗이 포기하고 다시 회사를 알아보기로 마음먹었다.

첫 번째 도전,
그러나 실패

성공한 창업주들을 보면 자신이 좋아하는 것과 잘하는 것을 찾아 창업한 경우가 많다. 무엇보다 좋아하는 일이어야 오래할 수 있지 않겠는가. 1971년 시애틀의 작은 커피숍인 스타벅스를 창업한 제리 볼드윈과 제브 시겔을 봐도 그렇다. 그들은 커피를 사랑하고 음미했다. 커피를 사랑하다 커피숍까지 차린 그들은 10년이 지나 시애틀 근교에 매장 3개를 더 열게 되었다.

인테리어라는 분야가 내 직업이기도 했지만, 나는 정말 공간을 꾸미는 자체를 좋아했다. 인터넷에 올라오는 예쁘게 꾸민 공간에 항상 눈길이 머물렀고 내가 사는 공간도 내가 원하는 대로 꾸미는 것을 즐겼다. 어쩌면 홈 스타일링이 내가 할 수 있으면서 재능을 발휘할 수 있는 일이 아닐까. 인테리어와 관련된 일이니 하고 싶은 일이기도 했고 무엇보다 사람들의 반응을 보면 내 감각이 썩 괜찮은 것 같아 자신이 있었다.

사이트 오픈까지 꼬박 두 달

"시작하지 않으면 아무 일도 일어나지 않는다."

평소 내가 좋아하는 말이다. 뭐라도 하면 뭐라도 되겠지. 그런 마음으로 일단 시작했다. 철저한 계획을 가지고 완벽하게 준비가 될 때를 기다리다가는 아무 일도 할 수 없을 것 같았다.

'일단 작은 일부터 시작하자.'

창업 자본금은 300만 원으로 정했다. 결혼 전 매달 10만 원씩 적금을 넣어 만든 소중한 목돈이었다. 내겐 큰돈이었으나 창업을 하기에는 턱도 없는 금액이었다. 하지만 뭔가 작은 결실은 얻을 수 있을 것 같았다.

무엇보다 창업 아이템을 결정하고 나니 절로 힘이 났다. 뭐라도 하고 싶은 욕구가 샘솟았다. 의욕은 가득한데 이번에는 많고 많은 인테리어 소품 가운데 어떤 제품부터 시작해야 할지 고민스러웠다. 누구나 부담 없이 구매할 수 있는 소품 가운데 내가 지금 당장 시작할 수 있는 것이라야 했다. 그러자 쿠션 같은 패브릭 소품이 가장 먼저 떠올랐다. 쿠션은 홈 스타일링에 정말 중요한 아이템이다. 쿠션에 따라 소파의 분위기뿐만 아니라 공간의 분위기가 바뀌기도 한다. 가격 대비 스타일링을 바꾸는 데 쿠션만 한 아이템이 또 있을까. 게다가 패브릭은 워낙 일할 때 많이 접해본 종류여서 잘 아는 분야이다 보니 다른 자재들보다 수급이나 제작이 어렵지도 않았다.

타 업체와 차별화하기 위해서 원단도 자체 제작하고 대중성 있는 기성 원단들도 이용해서 20여 종류의 쿠션을 디자인했다.

쿠션으로 품목을 정했으니 이제 온라인 쇼핑몰을 만들 차례. 쇼핑몰을 만드는 데는 정말 할 일이 많았다. 우선 도메인 이름부터 정해야 했다. 발음하기 어렵지 않고 한 번 들으면 기억에 남을 만한 이름이어야 하며, 타 업체에서 사용하고 있지 않는 이름을 생각해내야 했다. 고심 끝에 정한 이름이 바로 스타일앳홈이었다. '스타일앳홈'이라는 이름으로 도메인과 온라인 사이트를 만들었다.

동대문을 돌아다니며 원단을 고르고 제작을 맡길 공장도 알아봐야 했다. 아이를 데리고 발품 파는 것이 힘들어 초기엔 주로 인터넷을 뒤져 원단 업체와 프린트 업체, 제작 공장을 알아보고 괜찮다 싶으면 아이 잠깐 맡겨놓고 찾아가 거래처로 적합한지 직접 눈으로 확인하는 과정을 거쳤다. 신중하게 골라도 막상 시제품을 받아보면 색상이나 마감처리가 기대치에 못 미칠 때가 많았다. 그러면 새로 공장을 알아봐서 시제품을 다시 뽑고 또 뽑고…. 아무런 정보도, 물어볼 사람도 없으니 그야말로 맨땅에 헤딩하는 심정이었다.

온갖 시행착오 끝에 간신히 마음에 드는 시제품을 뽑고 나면 제작물량에서 입장 차이가 생기곤 했다. 내 입장에선 비용도 줄이고 위험부담도 덜기 위해 되도록 소량으로 주문하고 싶지만 공장은 기본이 수백만 원, 적어도 수십만 원어치는 주문해야 제작이 가능하다고 말하기 일쑤였다. 설득하고 애원해도 입장 차이가 좁혀지지 않아 다시 다른 공장을 찾아 시제품을 뽑아보고 제작물량을 조정하는 답답한 과정을 반복했다.

사이트를 오픈하기까지 꼬박 두 달이 걸렸다. 그때까지 들어간 비용은 애초 계획에서 50만 원을 초과한 350만 원이었다. 도메인 구입과 온라인 쇼핑몰을 디자인하는 데 30만 원이 들었다. 시제품 제작비, 기타 비용으로 120만 원 정도 썼고 나머지 200만 원은 쿠션을 제작하는 데 모두 투자했다. 20가지 디자인을 만든 후, 한 디자인당 10~15개씩 쿠션을 제작했다. 한 푼이라도 아끼기 위해 제품 촬영도 직접 했다. 비

● 자체 디자인하고 제작한 쿠션제품

용을 들이는 마케팅은 언감생심이어서 블로그와 SNS로 홍보만 했다.

실패해도 일어나면 그만이야

드디어 홈페이지를 열고 판매를 시작했다. 직접 디자인한 쿠션이 워낙 예쁘게 나와서 잔뜩 기대에 부풀었다. 주문이 밀리면 어떡하지? 하루에 택배를 몇 개나 쌀 수 있을까? 머릿속엔 온통 쿠션이 너무 많이 팔려나가 즐거운 비명을 지르는 상상으로 가득했다.

그런데 하루 이틀… 일주일이 지나도록 주문은 단 한 건도 들어오지 않았다. 지인들에게 부담 주기 싫어 아무에게도 알리지 않았더니 정말 주문이 한 건도 안 들어왔다. 그다음 주가 돼서야 주문 한 건이 들어왔는데 그나마도 창업 소식을 알고 있던 친구의 주문이었다. 주문 밀릴까, 택배 포장 힘들까 지레 걱정하던 며칠 전 내 모습이 떠올라 헛웃음이 나왔다.

뭐가 문제일까? 그제야 여러 사람에게 쿠션 디자인에 대한 의견을 구했다. 쿠션 제작 전 디자이너 친구들에게 물어봤을 때는 다들 독특하고 멋지다고 했는데 대중의 취향에는 너무 튀고 화려해서 부담스러운 디자인이라는 사실을 뒤늦게 깨달았다. 또 막상 쇼핑몰에 누군가 방문해도 제품이 몇 가지밖에 안 되니 그냥 한번 쓱 보고 나가기 쉬운 구조였다.

집 안에 잔뜩 쌓여 있는 쿠션을 볼 때마다 한숨이 나왔지만, 단 한 순간도 창업에 실패했다고 생각하지 않았다. 새로운 일에 도전하면서 실패하지 않는 것이 오히려 이상한 거라고 마음을 다잡았다. 실패했을 때 실패하는 것보다 실패에서 뭔가를 배우고 일어나는 것이 중요했다. 이제는 기업에서도 성공만이 아닌, 빠른 실패를 강조한다. 기업이 성장을 지속하려면 새로운 분야에 대한 도전이 필요하며, 바른 실패를 독려하는 조직이 되어야 한다고 말한다. 창업 초기 내 도전이 다른 사람이 볼 때는 실패였겠지만, 나는 '내가 뭐 꽃길만 걸어온 사람도 아닌데 이 정도쯤이야' 하며 가뿐하게 넘겼다. 한쪽 문이 닫히면 또 다른 문이 열린다는 믿음으로 마음을 다잡았다.

● 다양한 작업들을 하면서 아이디어를 얻는다.

나를 지지해주는
사람이 필요하다

나름 치밀하게 준비한다고 해도 실패하는 비율이 높은 것이 창업이다. 그 사실을 잘 알지만 언제나 실패는 쓰디쓴 법이다. 그 무렵 내게 가장 든든한 응원군은 구글 스타트업 캠퍼스 멤버들이었다. 2015년 세계적 기업 구글은 창업가를 위한 공간 '구글 스타트업 캠퍼스'를 전 세계에서 3번째, 아시아 최초로 서울에 설립했다. 이곳은 구글이 창업가들을 위해 만든 물리적 공간으로, 창업가들은 이곳에서 서로 배우고, 교류하며 회사 운영에 필요한 지원을 받을 수 있다.

구글 스타트업 캠퍼스에 대해서는 한국에 온다는 소식이 전해질 때부터 알고 있었다. 구글 스타트업 캠퍼스는 창업가들을 위한 프로그램을 진행하는데, 그중 엄마 창업가들을 위한 '엄마를 위한 캠퍼스' 프로그램은 전세계적으로 유명했다. 엄마를 위한 캠퍼스 프로그램 1기를 모집한다는 소식을 듣자마자 지원했지만 떨어졌다. 1년 후 2기 모집 공고를 보자마자 꼭 합격했으면 하는 마음으로 다시 지원했다. 창업을 마음먹고 있던 즈음이라 더욱 절박한 심정이었다. 메일로 합격 통보를 받고는 얼마나 좋던지 온 세상이 내 창업을 응원해주는 것만 같았다.

한 가지 걸리는 건 아이를 데리고 다니는 문제였다. 집에서 지하철 역까지 걸어서 10분, 지하철 한 번 갈아타고 삼성역까지 가려면 50분이 걸리는데 그 길을 다닐 수 있을까. 하지만 결코 놓칠 수 없는 기회였다. 2016년 3월, 걱정과 설렘이 뒤섞인 마음으로 8개월 된 은채를 아기띠에 메고 첫 지하철 나들이를 했다. 그렇게 9주간의 설레는 프로그램이 시작되었다.

든든한 지원군이 된 구글 스타트업 캠퍼스

구글 스타트업 캠퍼스에서 마련해준 아홉 번의 수업은 아이를 데리고 다니는 문제로 잠시나마 망설였던 순간마저 미안해질 만큼 훌륭했다. 국내 최고 전문가들의 강의는 돈 주고도 들을 수 없을 정도로 수준 높았고 창업을 위한 지식은 물론 자존감과 성취감을 이끌어내는 데도 최고였다. 아이를 키우면서 창업 전선에 나선 이들이 얼마나 가치 있는 존재인지 확인시켜주려고 작정이라도 한 것 같았다.

출산 후 아이와 함께 매일 집에만 있던 내가 매주 수요일을 손꼽아 기다리다 공들여 화장하고 옷 차려입고 집을 나서는 순간 품에 안긴 은채에게도 멋진 엄마가 된 것 같아 뿌듯했다. 내가 다시 멋진 커리어

우먼이 된 것 같은 기분이었다. 마지막 수업을 앞두고는 얼마나 아쉽던지 남편에게 이렇게 푸념하기도 했다.

"나 그동안 정말 행복했는데 이제 수요일마다 뭐하지⋯."

흐르는 시간을 붙잡아두고 싶을 만큼 행복했던 순간들이 지나고 내 곁에는 소중한 여섯 멤버들이 남았다.

사실 창업을 결심할 때 걱정했던 것 중 하나가 혼자 일하는 외로움을 견딜 수 있는가 하는 문제였다. 사람들과 어울리기 좋아하고 동료들과 부대끼며 일하는 과정을 즐기는 내가 대화 상대도 없는 집에서, 혼자 일해야 하는 1인 창업과 잘 맞을지 돌아보고 또 돌아봤다. 사업이 성장하면 업무 공간도 마련하고 사람도 고용하겠지만 한동안은 혼자 견뎌내야 할 터였다.

각오를 단단히 했음에도 '혼자' 일한다는 것은 역시 외로웠다. 날마다 똑같은 공간에 머무는 일상이 숨 막히고 우울해질 때 숨통을 틔워준 존재가 바로 구글 스타트업 캠퍼스 멤버들이었다. 한 달에 한 번씩 일에 대한 고민도 나누고 수다도 떠는 모임에 나갔다 오면 '나만 힘든 게 아니구나' 싶어 위안이 되고 '다들 저만큼 힘들게 일하고 있구나' 싶어 자극을 받곤 했다.

남편 자랑, 자식 자랑 하고 시댁 흉을 봐도 눈치 보이지 않고, 온갖 하소연에도 진심으로 귀 기울여주며, 좋은 일에는 내 일처럼 기뻐해주는 멤버들을 만난 것만으로도 나는 운이 좋은 사람이다.

● 구글 스타트업 캠퍼스 그로잉맘 이다랑 대표와 조윤민 매니저와 함께

● 딸을 위해 아기 용품으로 스타일링한 매장 한 켠 모습

내가 일할 수 있는 힘

앞서 말했듯 나는 20대부터 창업을 계획했지만 실행으로 옮기지는 못했다. 그러다 결혼 후 창업을 결심할 수 있었던 데는 무엇보다 현실적으로 든든한 지원군이 되어준 남편의 힘이 컸다. 물론 내가 회사를 그만둔다고 했을 때 남편의 첫 반응은 'NO'였다. 아무래도 혼자서 해나가야 하는 불안정한 창업의 세계에 뛰어드는 것이 걱정이 되었을 테고 고정 수입을 기대하기 힘들었기에 경제적인 부분에 대한 걱정도 있었을 것이다.

나에겐 육아가 가장 큰 문제였고 그래서 절박했다. 창업에 대한 나

● 우리 딸은 항상 스타일앳홈의 좋은 모델이 되어준다.

름의 계획을 들려주고 남편을 설득했다. 지금은 남편이 누구보다 창업하길 잘했다고 반긴다. 창업을 계기로 우리는 더욱 서로에게 시너지를 주고 있다. 누구에게도 쉽게 털어놓기 힘든 일들을 남편에게 이야기하면 그럴 수도 있다며 긍정적이고 희망적인 방향으로 나를 다독여주기도 하고 반대로 또 다른 상황에서는 내가 남편에게 별일 아니라고 격려하기도 한다. 또 남편이 잘하는 일과 내가 잘하는 일이 서로 달라 서로를 보완해주는 관계로 발전하고 있다.

나는 도전을 두려워하지 않는 편이다. 늘 발전이 있으려면 도전해야 한다는 생각을 가지고 있다. 큰 범위의 한계선을 그리긴 하지만 그 안에서 최대한 도전을 멈추지 않는다. 반면 남편은 도전보다는 안정을 선택하는 스타일이라 내가 무언가를 도전하려할 때 처음에는 반대를 한다. 물론 결국에는 나의 고집을 꺾지 못해 설득당하지만…. 남편의 반대에는 나름의 이유가 있어 내가 객관적으로 보지 못했던 상황을 좀 더 냉정하게 살펴볼 수 있게 해준다.

육아나 집안일도 남편과 나눠서 혹은 함께 한다. 이것이 내가 일을 하는 데 얼마나 큰 힘이 되는지 모른다. 딸 은채 또한 내가 일할 수 있는 동력을 주는 존재다. 아기 때는 크게 까다롭지 않고, 안정된 성향으로 잘 먹고 잘 자는 것으로 내가 하는 일을 도왔다. 외동이라 집에서 가끔 혼자 놀게 할 때는 미안한 마음이 들지만 최대한 일하는 시간에 업무를 마치고 은채가 유치원에서 돌아온 후에는 함께 시간을 보내려고 한다. 일이 힘들고 때로는 매출이 저조해도 사랑하는 가족들이 있어 포기하지 않고 지금까지 이어가고 있다.

창업 1년,
월급보다 많은 수익을 내다

처음에는 쿠션이라는 단일 아이템으로 온라인 쇼핑몰을 오픈했지만 점점 품목을 늘려갔다. 먼저 리빙 소품들을 도매로 판매하는 업체들을 알아본 후 스타일앳홈의 브랜드와 잘 맞고 대중이 좋아할 만한 아이템을 도매가로 구입해 판매했다. 다루는 품목이 늘어나자 방문객도 덩달아 늘었다.

점차 도매로 구입하기보다 내가 디자인한 제품을 늘려야겠다는 욕심이 생겨났다. 몇 가지 아이템들을 정리해 디자인해보았다. 그중 아트포스터를 직접 제작해보기로 했다. 아트포스터는 쉽게 이야기해서 집 안에 걸어놓는 액자 속 그림과 비슷하다. 한창 해외에서 트렌디한 아트포스터가 인기를 얻으면서 국내에서도 집 안을 꾸미려고 구매하는 사람들이 늘고 있었다. 시장에 발 빠르게 대응하는 것이 필요했다. 회사에 다닐 때 인테리어용 액자 제작을 많이 해봤던 터라 어렵지 않게 시작할 수 있었다.

변화를 주자 매출이 상승하다

그렇게 6개월 즈음 지나자 매출이 상승 곡선을 그리기 시작했다. 한동안 상승세를 이어가다 겨울이 찾아오자 갑자기 방문객 수가 줄었고, 매출도 뚝뚝 떨어지기 시작했다. 아무래도 봄, 가을 이사철이나 결혼 시즌에 집을 꾸미려는 사람들이 많다 보니, 한여름이나 겨울은 이 업계의 비수기에 속했다. 그렇다고 길고 긴 겨울 동안 손 놓고 있을 수만은 없었다.

당시 패션잡지를 읽다가 눈이 번쩍 띄는 기사를 발견했다. 고객이 자기 사진을 전송하면 그 사람에게 어울리는 패션을 스타일링해서 다섯 벌 정도 보내주고 그중 선택하도록 하는 판매 방식이 각광받고 있다는 내용이었다.

'이 방식을 인테리어 소품 판매에도 적용할 수 있지 않을까? 따로따로 보여주지 말고 감각적으로 스타일링해서 보여주면 괜찮지 않을까.' 구글 스타트업 캠퍼스에서 투자자들로부터 직접 평가를 받는 데모데이Demoday 때도 스타일링을 접목시킨 온라인 쇼핑몰을 창업 아이템으로 발표했으니 이제야말로 실행에 옮길 시점이라고 생각했다.

크리스마스를 겨냥해 나만의 감각으로 스타일링을 시도했다. 다른 사이트에서 크리스마스트리 장식을 획일적인 단품으로 판매할 때 우리 사이트에서는 나만의 개성을 담아 우드 트레이에 트리를 올리고 리스 장식으로 화려함을 더한 세트 상품을 선보이는 식이었다. 향초도 멋스러운 트레이에 올려 미니 리스로 장식했다. 처음 며칠간은 반응이 신통치 않았지만 크리스마스가 다가오자 주문이 순식간에 늘어났다.

　처음엔 신기하기만 했다. 단품으로 구매하면 다른 곳에서도 충분히 더 저렴하게 구매할 수 있는 제품들인데 함께 스타일링해서 판매한다고 판매량이 늘어나다니…. 스타일링한 제품이 세련되고 고급스러워 보인다며 세트로 구매하는 고객이 대부분이었고 구매 후기도 호의적이어서 다른 고객들이 안심하고 주문하곤 했다. 나중엔 명품매장에서까지 내가 연출한 크리스마스트리를 주문하는 바람에 '와 이런 데서 나한테 주문을 해?'라며 놀라워하기도 했다.

　봄이 되자 주문은 더욱 폭증했다. 결혼과 이사가 늘고 집 안 인테리어 변화가 많은 계절이어서 패브릭 제품과 액자, 미니 화분, 바구니, 실내화, 식기 세트를 위주로 산뜻한 신상품을 늘렸더니 겨울 시즌보다 반응이 더 좋았다. 제작 상품은 쿠션을 왕창 만들었다가 재고만 떠안은 초창기 시행착오를 되풀이하지 않으려고 한 제품당 10~20개 정도로 소량만 제작하고 주문이 들어오면 제작을 의뢰하는 방식으로 위험부담을 줄였다. 그러자니 제작 상품의 경우 배송에 2~5일이 걸려 사전에 고객에게 배송기간을 공지해서 양해를 구했다.

　그렇게 정신없이 달리다 보니 창업한 지 1년쯤 되었을 때 최고 매출을 찍었다. 무려 1,500만 원이었다. 내가 목표로 했던 그 1년 안에 월급보다 더 많은 수익을 낸 것이다.

이로써 나는 확신했다. "그래, 이제 끝까지 가보자. 중간에 힘들고 어려운 일이 있더라도 견디고 이제는 정말 끝까지 해보자."

온오프 매장의 연결고리를 만들다

창업한 지 1년 정도 지났을 즈음부터 작업실 겸 매장이 있으면 좋겠다는 생각이 들었다. 집이 비좁기도 했지만 출퇴근을 하고 싶은 마음이 컸고 스타일링을 하기 위해서는 집보다 넓은 작업실과 전시 공간이 필요했다. 온라인 고객들이 "지금 매장에 가서 살 수 있느냐", "가게가 있느냐"고 물을 때가 적지 않은 것도 이유였다.

매장을 알아보던 중 마침 눈에 들어오는 곳이 있었다. 우리 집과 가까운 곳에 있는 5층짜리 상가의 1층이었다. 유동인구가 많은 거리는

아니지만 주위에 대규모 아파트 단지들이 있어 입지는 괜찮아 보였다. 무엇보다 나를 혹하게 한 것은 매장 옆 카페였다. 워낙 손님 많기로 유명한 카페여서 카페 손님들이 내 매장에 들러주기만 해도 장사는 저절로 될 것만 같았다.

창고로 쓰다가 비워둔 자리라는데 크게 손댈 필요도 없을 만큼 내부가 깨끗했고 크기도 13평 정도로 딱 적당했다. 가격만 맞으면 좋겠다 싶었는데 부동산에 물어보니 보증금 3,000만 원에 월세 130만 원이라기에 일단 포기했다. 그런데 이상하게 몇 달이 지나도록 그 자리에 들어가는 사람이 없었다. 장사가 안 되는 자린가? 나처럼 다들 비싸다고 안 들어가는 건가? 이상하다 생각하면서도 미련이 남아 그 자리를 계속 눈여겨보다가 몇 달 후 다시 물었더니 보증금을 2,000만 원으로 낮춰주겠다는 답을 들었다. 결국 월세도 10만 원 깎아 보증금 2,000만 원에 월세 120만 원으로 합의를 봤다.

물론 당장 계약서를 쓸 형편은 아니었다. 대출을 받아야 보증금을 마련할 수 있었으니까. 그때부터 소상공인 대출을 알아보기 시작했다. 경기신용보증재단에서 신용보증을 받은 후 은행에 서류를 제출하면 대출이 가능한데 소상공인시장진흥공단에서 보증을 받으면 금리가 1~2% 싸다고 해서 다시 보증을 받는 과정이 다소 복잡했다. 은행에서 요구하는 각종 서류를 내고, 소상공인시장진흥공단에서 요구하는 사업계획서며 사이트 캡처한 자료, 매출증명서 등을 내고 나서도 대출이 원하는 만큼 안 나오면 어쩌나 내내 가슴을 졸였다.

대출 신청 40일쯤 후 드디어 대출 승인이 났다는 연락이 왔다. 보증금과 인테리어 비용까지 감안해 2,500만 원을 신청했으나 2,000만 원만 가능하다고 했다. 변동금리이긴 해도 대략 2% 정도면 쓸 수 있는 돈인데다 그보다 적게 나올 수도 있다고 생각하던 터라 그야말로 감지덕지였다. 그사이 부동산중개소에 부탁해서 보증금을 1,500만 원으로 낮췄으므로 빠듯하긴 해도 인테리어에 쓸 돈도 남긴 셈이었다.

물론 페인트칠에, 가구 구입에, 조명 설치까지 500만 원으로는 어림도 없었다. 결국 1,000만 원 가까이 들인 끝에 마침내 매장을 오픈했다. 상호는 인터넷 사이트와 같은 '스타일앳홈'. 내겐 또 하나의 도전이었지만 집과 분리된 나만의 오프라인 매장을 갖게 된 것만으로도 뭔가 큰일을 해낸 기분이 들었다. 두드리면 열린다고 했던가. 그 말이 딱 들어맞았다.

오래 살아남으려면
필요한 것

입소문이 나면서 비즈니스호텔과 펜션, 게스트하우스 같은 곳에서 인테리어와 관련해 조언을 구하기도 하고 공동작업을 의뢰하기도 했다. 매출에 크게 도움이 되지 않는 일도 많았지만 새로운 사람들과 함께 작업하는 일을 워낙 좋아했기에 재미있게 진행했고 내 감각에도 더욱 자신감을 갖는 계기가 됐다. 이후에도 우리 집 인테리어를 소개하는 포스팅을 꾸준히 블로그에 올렸고, 반응도 좋아서 인테리어 앱과 인터뷰도 하고 KBS에서는 우리 집을 촬영해 아침 뉴스 인테리어 소개 코너에 내보내기도 했다.

매출이 오르는 만큼 고충도 따랐다. 혼자 모든 일을 처리하려니 하루 종일 일해도 시간은 늘 부족하고 육체적으로도 몹시 힘들었다. 택배 보낼 물건 포장하고 주문 들어온 제품 제작 의뢰하는 데만 꼬박 4~5시간이 걸렸다. 제품을 디자인하고 제작하고 발송하느라 정말 눈코 뜰 새 없이 바빴다. 아이가 어린이집에 있는 아침 9시부터 오후 4시까지 꼬박 일하고 아이를 재우고 난 뒤 밤 9시부터 12시까지 또 숨 가쁘게 일하는 일상이 반복됐다. 밥 먹는 시간도 아까워 빨리 차릴 수 있는 반찬과 함께 10분 안에 후딱 먹고 다시 일에 몰두하곤 했다.

매출 하락의 위기, 안전한 시장은 없다!

혼자서는 역부족이라는 판단이 들었다. 닥치는 일은 눈 딱 감고 해낼 수 있다 쳐도 신상품을 개발할 시간이 턱없이 모자랐다. 인테리어도 요즘에는 트렌드가 있어서 지속적으로 신상품을 올려야 고객을 붙잡아둘 수 있기 때문이다. 도매업체에서 골라 판매하는 제품도 꾸준히 신상품을 선보여야 하고 스타일링해서 촬영하고 보정하는 작업까지 거쳐야 사이트에 올릴 수 있어 시간이 꽤 걸렸다.

사업을 확장해야 할 때가 아닐까. 우선 혼자서 모든 일을 하기에는 무리가 있다고 판단하고 부족한 인력을 보충하기로 했다. 마침 예전에 같이 회사를 다녔던 친한 지인이 집 근처로 이사를 와서 일을 도와달라고 부탁했다. 세무 관련 일을 맡길 세무사와도 계약을 맺었다. 신상품 개발에도 꽤 큰돈을 투자했다. 매달 100%, 200%씩 매출이 증가해왔으므로 투자를 늘리면 더 빠른 속도로 성장하리라 믿었다.

그런데 매출이 상승하기 시작한 뒤 1년 정도 지난 후부터 매출이 하락 곡선을 그리기 시작했다. 정말 예상치 못한 악재였다. 이대로 내리

막길을 걷다가 망하면 어떡하지? 내가 뭘 잘못하고 있는 거지? 아무리 생각해봐도 원인을 알 수 없었다.

　점점 매출이 떨어지자 인건비 나갈 일이 걱정이었다. 일을 도와달라고 부탁할 때는 언제고 일을 제대로 시작도 못 해본 채 없었던 일로 하려니 차마 입이 떨어지지 않았지만 어쩔 수 없었다. 결국 일을 부탁했던 지인에게는 업무시간을 조절하고, 세무사와의 계약도 취소했다.

　더 큰 문제는 오프라인 매장이었다. 첫 한 달은 일명 '오픈빨'이라고 해서 지나가던 사람들, 주변 지인들이 매장을 찾아와서 매출을 올려줬다. 하지만 한 달 후부터는 날씨마저 추워지면서 도무지 매장을 찾는 사람이 없었다. 상권을 분석한다고 했음에도 불구하고 썰렁한 매장을 보며, 역시 장사는 어려운 일임을 새삼 깨달았다.

　날씨, 주변 환경, 매장 분위기 등 다양한 변수가 매출에 영향을 미쳤다. 매장의 천장이 너무 높아 난방이 잘되지 않아서 나 역시 그해 겨울 추운 사무실에서 지내야 했다. 그나마 다행인 건 온라인 매출은 비수기임에도 꾸준히 늘고 있다는 점이었다.

　매장 수익으로 월세는 감당할 수 있겠지 했지만 예상은 보기 좋게 빗나갔다. 온라인 매출로 매장 월세를 채워나갔다.

　유난히 길게 느껴진 겨울이 지나고 드디어 봄이 왔다. 봄은 인테리어 업계의 성수기, 다행히 매장에 손님들이 조금씩 찾아왔다. 관찰한 결과 매장을 찾는 손님들은 특징이 있었다.

　지나가다 들어온 손님은 구경만 하고 가거나 1, 2만 원대의 소품을 주로 구매했다. 그에 반해 온라인에서 제품들을 먼저 보고 매장에서

실물을 확인하고 구매하려는 손님은 멀리서도 기꺼이 방문할 뿐만 아니라 보통 10~20만 원 정도 꽤 큰 지출을 했다.

매장을 구할 때 매장 근처에 아파트가 많아 유동인구가 많을 거라 예상했고, 그에 따른 오프라인 매장의 매출을 기대했지만 이곳 매장 수익은 기대에 턱없이 못 미쳤다. 그러다 보니 굳이 이렇게 비싼 월세를 주고 이곳에 매장을 두지 않아도 될 것 같았다.

더군다나 이곳이 전적으로 매장의 역할보다는 거의 작업실 개념으로 활용되고 있어서 서둘러 이 장소에 대한 활용도를 재정립하거나 이사를 가거나 해서 지출을 줄일 방법을 찾아야 했다. 여러 가지 고민 끝에 결국 매장을 옮기기로 결심했다.

처음 매장을 계약할 때 혹시 몰라서 1년 계약을 한 게 다행이었다. 재계약 시점에 매장을 이전하기로 마음먹었다.

다행히 매장을 예쁘게 봐주신 분들이 많아서 계약 완료 시점이 되기 전, 매장을 인수하겠다는 후임자가 나타났다. 이전할 장소는 최대한 집에서 가깝고 지금보다 월세가 저렴한 곳으로 우선순위를 정했다. 규모가 작더라도 스타일앳홈의 감각적인 분위기를 살릴 수 있는 곳을 찾아봤다.

물론 그런 곳은 없었다. 월세가 싸면 외지고 수리할 곳이 많거나 거리가 너무 멀거나 면적이 너무 작았다. 괜찮은 곳은 월세가 비싸고…. 그러다 마음에 드는 곳을 발견했다. 매장 크기는 그 전 매장의 절반이지만 공간을 잘 활용하면 괜찮을 것 같았다. 오프라인 매장을 이전하면서 당분간 스타일앳홈도 브랜딩과 디자인을 정비하는 시간을 가졌다. 두 번째 새로운 시작이었다.

무엇보다 내가 즐거워야 한다

창업한 지 1년 정도 지나자 여러 오픈마켓에서 입점 제안이 들어왔다. 하지만 대부분의 마켓은 내가 지향하고자 하는 브랜드 성격과 맞지 않고, 또 어마어마한 수수료 때문에 입점하지 않았다. 수수료를 내면 그만큼 이익이 줄어들고, 줄어든 이익을 메우는 방법은 두 가지였다. 첫째, 가격을 인상한다. 둘째, 박리다매로 이윤을 남긴다. 그러나 첫 번째 방법은 창업 당시 세운 '합리적인 가격대의 제품을 만든다'는 취지와 맞지 않았다. 두 번째 방법은 주문이 늘어나면 인력이 더 필요할 테고 인력을 늘려 사업 규모를 확장하면 신경 쓸 일이 더욱 늘어날 것이다. 그러다 보면 지금처럼 내 시간을 조율하면서 일하기가 힘들어진다. 결론적으로 많은 일에 허덕이며 행복과는 점점 멀어질 것 같았다.

물론 브랜드를 알리는 차원에서 방문객이 많은 오픈마켓의 입점이 필요하긴 하다. 현재 '더블유 컨셉W concept'과 '쿠팡 로켓배송' 단 두 곳에 입점하고 있다. 앞으로도 유통채널을 많이 늘리고 싶지는 않다.

나는 조금은 느리더라도 행복감을 느끼며 일하고 싶다. 물론 어느 정도 시간이 흐르면 사업의 스펙트럼도 확장하고 규모도 더 늘려야 할 때가 오겠지만 말이다.

쇼핑몰은 1~2년은 적자를 보더라도 버텨야 성장할 수 있다던데 패션도 아닌 리빙 제품으로 1년도 안 된 시점에 목표치를 달성하고 자리

● 새로운 제품들을 출시할 때면 늘 설레인다.

● 엄마 창업가라는 주제로 플래텀과 함께한 인터뷰

를 잡은 것을 보고 누군가는 운이 좋았다고 말한다. 나도 그런 줄 알았다. 하지만 찬찬히 생각해보니 단지 운 때문만은 아니었다.

10년이 넘게 업계에서 일한 노하우와 안목이 있었고, 경영대학원에서 2년 동안 공부했으니 알게 모르게 마케팅이나 비즈니스 전반의 일들을 어렵지 않게 해낼 수 있었다. 이래저래 쏟아부은 과거의 노력이 결코 헛된 시간이 아니었던 셈이다. 게다가 일하는 시간인 오전 9시부터 오후 4시까지는 최대한 집중하고 1분 1초도 허투루 쓰지 않는 타이트한 스케줄로 일을 했고 늘 아이가 자고 나면 밤에 3~4시간씩 더 일을 하거나 급한 일이 있을 때는 야밤에 작업실까지 가서 할 일을 마치고 잠이 들곤 했던 열정이 있었다.

나는 지금 하는 일이 좋다. 끊임없는 연구와 노력으로 지속적인 성장을 꿈꾼다. 워낙 트렌드가 빠르게 변하고 국내외 경쟁 상대에게 밀려 한순간에 추락할 수도 있겠지만, 염려만 앞세우기보다 오늘도 나를 다잡는다. 새로운 것에 대한 도전을 두려워하지 않고 사람들에게 영감을 주는 리빙 브랜드로 자리 잡고 싶다. 지금처럼 항상 노력하고 하루하루 행복하고 즐겁게 일하는 내가 되고 싶다.

● 홈 스타일링

● 침실 스타일링

한계를 뛰어넘는 비결은
오직 차별화

한때 월 매출이 1,500만 원까지 올라가기도 했지만, 상승 곡선을 그리던 매출이 떨어지던 때가 있었다. 여러 사이트를 돌며 꼼꼼하게 원인을 분석해본 결과 경쟁 업체가 부쩍 늘었음을 알게 되었다. 창업 당시 내가 더 좋은 상품, 더 좋은 가격으로 브랜드를 알리려고 노력한 것처럼 신규 업체들 또한 선발주자들을 따라잡기 위해 많은 노력을 하고 있었다. 고객은 역시 냉정했다. 가격 비교를 해보고 조금이라도 싼 곳으로 옮겨가고 있었다.

누구나 뛰어들 수 있는 온라인 시장의 특성상 좀 앞서간다 해도 곧 후발업체에 추월당하기 십상이다. 진입장벽이 낮은 시장의 한계가 분명 있고, 비수기에 매출 좀 떨어지는 건 어쩔 수 없다 쳐도 후발업체에 밀리는 건 사업의 존폐가 달린 문제였다. 궁리 끝에 돌파구는 하나밖에 없다는 결론에 이르렀다. 차별화! 어느 분야나 마찬가지지만, 남들과는 다른 특별한 장점이 있어야 브랜드는 지속될 수 있다.

스타일앳홈 • 김혜송

스타일앳홈만의 차별화 전략

요즘 소비자들은 굉장히 똑똑해서 원하는 상품의 최저 '가격'을 찾아내는 데 어려움이 없다. 하지만 그들에게는 '시간' 또한 중요한 자산이어서 제품을 고르고 결정하는 시간도 심리적 가격에 포함시킨다. 그래서 온라인 사이트에 올릴 제품을 결정할 때, 나는 되도록 공간을 꾸밀 때 꼭 필요한 아이템들을 종류별로 선별한다. 카테고리별로 상품 수가 많지는 않지만, 침구류, 조명, 액자, 러그, 쿠션, 화병 등 트렌디하고 잘 어울리는 아이템들을 골고루 선택해서 사이트에 올린다. 그러면 액자만 사려던 고객은 함께 스타일링 된 사진을 보고 액자와 함께 있는 화병이나 조명을 함께 구입한다. 고객의 취향이 스타일앳홈과 맞는다면 가격이 최저가가 아니더라도 이곳에서 여러 제품을 한 번에 구입한다.

하지만 너무 많은 제품을 사이트에 올려놓는 것은 오히려 역효과일 수 있다. 너무 많은 선택지는 오히려 선택에 장애물이 될 수 있다. 브랜드의 성향만 확실하다면 상품 수가 많지 않더라도 같은 취향을 가진 고객의 구입을 유도할 수 있고, 그런 고객은 여러 사이트를 발품 팔지 않고도 한 곳에서 원하는 아이템들을 구매할 수 있다. 스타일앳홈 역시 앞으로 스타일링을 더 강화할 계획이다. 어느 공간에나 잘 어울리는, 전문가의 도움을 받은 것 같은 스타일링을 누구나 할 수 있도록 아이템을 기획하고, 구성해서 판매하는 것이 앞으로 스타일앳홈만의 차별화가 될 것이다.

'엄마'라는 위대한 스펙

김수영 작가, 꿈꾸는지구 대표
《마음스파》, 《당신의 꿈은 무엇입니까》 저자

몇 년 전 강연을 마친 후 한 여성분이 떨리는 목소리로 저에게 물었습니다.

"저같이 평범한 아줌마도 꿈을 가질 수 있을까요?"

"당신이 왜 평범한 아줌마죠?"

"네?"

"아무도 당신을 평범한 아줌마라고 부르지도 않았고 그렇게 되라고 한 적도 없어요. 당신 스스로가 '평범한 아줌마'라고 본인의 한계를 긋고 있는 거죠."

"…"

많은 사람들은 자신의 '일시적인 현재 상태'를 마치 자신의 '영구적인 정체성'으로 판단하는 오류를 범하곤 합니다. 옛날 옛적에 우리가 아기였던 시절을 생각해 보세요. 생각이 안 난다면 당신의 자녀를 한번 보세요. 아기가 목을 가누고, 똑바로 앉고, 기고 걷는 것은 한 번에 되지 않습니다. 숱한 시도와 시행착오 끝에 자연스러워지는 것이지요. '난 아직 걸을 수 없으니 앞으로도 못 걸을 거예요."라고 말하며 걷기를 포기하는 아기는 없습니다. 우리 모두가 그렇게 많은 시행착오를 거쳐서 지금의 단계에 이르렀지요.

저에게 찾아오는 많은 엄마들은 육아의 힘듦과 경력단절에 대한 걱정, 막막한 미래 또는 육아와 일을 병행하는 것에 대한 어려움을 토로하곤 합니다. 아이를 키우는 것은 위대한 일이고 위대한 일은 쉽지 않습니다. 아주 힘들지요. 특히나 평생 내 인생의 주인공으로 살아온 우리 밀레니얼 세대 여자들로서는 어느 날 갑자기 이 작은 생명체가 내 인생에 나타난 후 완전히 뒤바뀌어버린 삶에 적응하기 쉽지 않습니다. '엄마'라는 새로운 직업에 적응했다 하여도 '나'는 없고 아이만 있는 삶에 갈증을 느끼고 막막해 합니다. 그래서 그대로 주저앉아버리는 경우가 많지요.

아쉽게도 한국사회는 '엄마'에게 육아의 책임을 떠넘기는 반면 육아와 일을 병행할 수 있는 시스템은 많이 부족합니다. 그래서 자의반 타의반 경력단절이 되는 경우가 많지요. 하지만 어쩌면 이것은 기회일지도 모릅니다. 어차피 회사는 우리 인생을 책임져주지 않는다는 사실을 하루라도 빨리 깨달았으니까요. 그 대신 상품, 서비스, 브랜드, 콘텐츠, 시스템 등 종류를 막론하고 나만의 자산을 만드세요. 이것이 직장에 다니는 것보다 훨씬 더 안정적인 대안입니다. 적어도 나는, 나를 책임질테니까요.

물론 창업은 쉽지 않습니다. 하지만 엄청난 자본이나 기술을 필요로 했던 예전에 비해 진입장벽이 훨씬 낮아졌고 최소한의 리스크로 창업을 할 수 있는 길이 많이 열렸습니다. 저도 사무실 없이 지난 10년간 세 번의 창업을 하며 디지털노마드로 살아왔습니다. 심지어 애를 낳는 날 진통이 오는 사이사이에도 주문을 확인하고 발주를 넣으며 업무를 2분 30초 만에 처리했습니다. 모두 네트워크와 기술, 아웃소싱이 발전한 덕분이죠.

'직장에 고용되어야 한다'라는 고정관념을 버리면 할 수 있는 것은 정말 많습니다. 당장 이 책에 나온 여섯 명의 엄마창업가들만 봐도 충분히 영감을 받으실 거예요. 이때 가장 중요한 것은 나 스스로 어떤 사람이 될 것인지를 결정하는 것입니다. 내가 CEO가 되겠다고 마음을 먹으면 나는 CEO처럼 말하고 행동하게 되는 것이지요.

더 이상 스스로를 '집에서 애보는 사람,' '경력단절녀,' 또는 '아줌마'라고 부르지 마세요. 우리는 아이를 낳고 키운 위대한 경력이 있는 사람입니다. 위대한 사람이 되겠다고 마음을 먹으면 위대한 생각을 하게 되고 위대한 행동을 하게 됩니다. 그렇게 생각을 바꾸는 순간 여러분의 인생은 바뀔 것입니다.

SNS 콘텐츠로
창업의 징검다리를 놓다

우리가

일의 의미를

발견하지 못하는 것은

삶에 적극적으로

참여하지 못하기

때문이다.

조안 B. 시울라의 <일의 발견> 중에서

아이 키우면서 자신만의 콘텐츠를 발견한 아동심리상담사

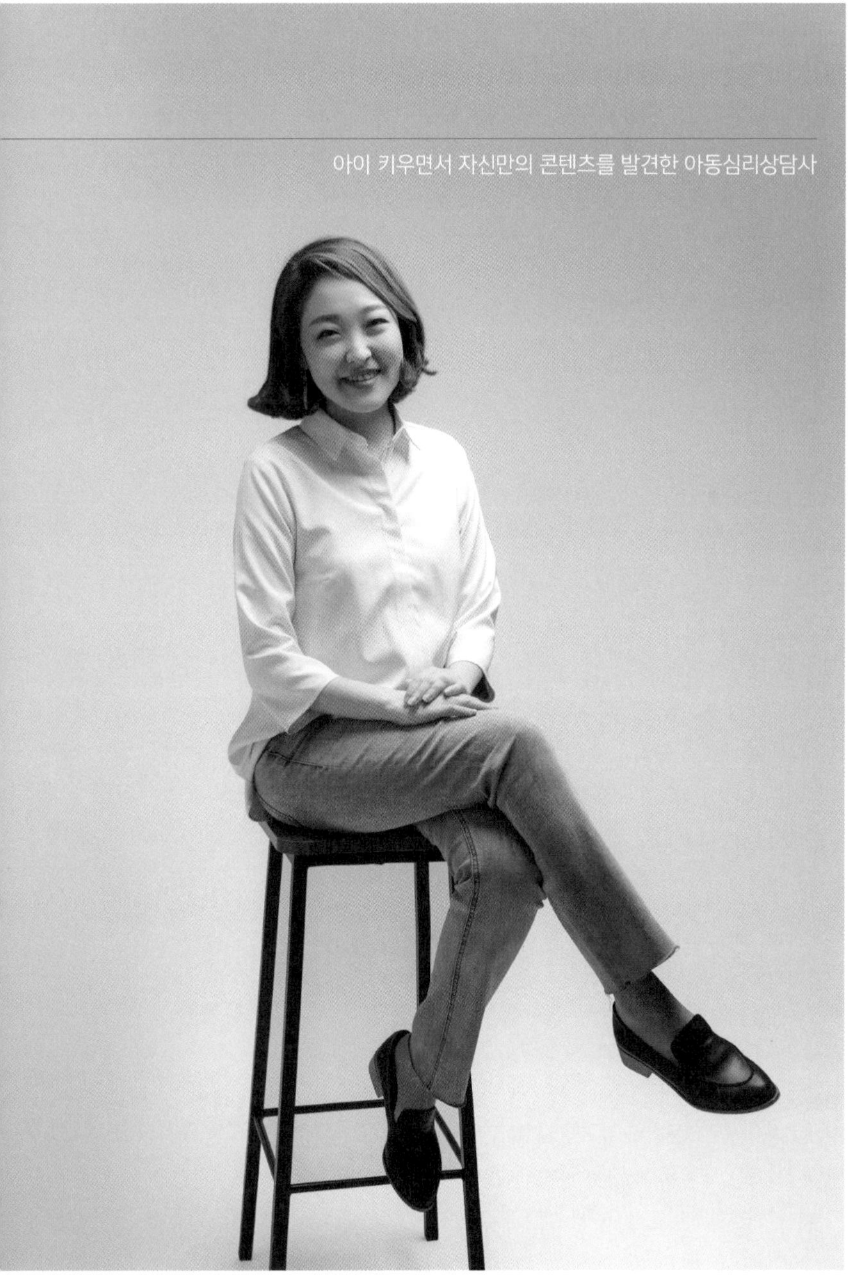

이다랑

부모교육 전문기업 그로잉맘(Growing Mom) 대표

엄마로
보낸 시간도
내 경력이다

경력단절! 내 인생에는 없는 단어일 줄 알았다.

아동심리상담사로 일하다 결혼하고 아이를 낳으면서 경력단절이 찾아왔다.

내게 경력단절이란 천직이라 믿었던 직업과의 단절이자 사회와의 단절을 뜻했다.

당시만 해도 내가 가진 아동심리 및 부모교육 콘텐츠가

사업의 기반이 되리라곤 꿈에도 생각지 못했다.

지금은 육아상담전문가와 부모를 연결하는

육아상담 플랫폼 그로잉맘(Growing Mom)을 이끌고 있다.

경력보유여성인 9명의 엄마들과 함께 일한다.

엄마로 사는 시간이
스펙이다

"왜 하필 지금이야?"

"이제 다 끝났어. 난 완전 망했어."

임신 테스트기에 두 개의 줄이 점점 선명해질수록 정신이 아득해졌다. 결혼 후 일자리를 찾기 위해 고군분투하던 시절 마침내 합격통보를 받은 날이었다. 무려 다섯 달 가까이 취업을 위해 노력한 뒤였고 마침내 그날 아침, 꼭 입사하고 싶던 회사로부터 합격통보를 받았었다.

"그래, 이다랑! 너 아직 안 죽었어."

임신을 확인하는 순간 정신이 아득해지는 와중에도 머릿속에 계산기가 돌아가고 있었다. 지금 3개월쯤 됐을 테니 아이 낳을 때까지 7개월? 아이 태어나면 1년 정도는 내 손으로 키워야 하는데 그럼 적어도

1년 반?

그때쯤이면 회사를 그만둔 시점부터 쳐서 공백 기간이 무려 3년이 넘는데 3년 넘게 경력이 단절된 사람을, 그것도 애 딸린 사람을 뽑아줄 회사가 있을 것 같지 않았다. 가족들은 충분히 다시 시작할 수 있다는 말로 격려해주었지만, 현실이 어떤지 알기에 위로가 되지 않았다.

엄마로만 살고 싶지는 않다

내가 얼마나 불리한 조건인지는 지난 몇 달간 취업전선에서 이미 뼈저리게 체험한 터였다. 심리검사 회사와 심리 관련 연구소, 교육이나 아동심리 관련 마케팅이 필요한 회사까지, 아동심리상담사로서 내 전문성과 경력을 살릴 수 있는 곳이면 모조리 이력서를 넣었다. 처음엔 내가 왜 취업이 안 되는지 이해할 수 없었다.

내가 지닌 능력과 경력에 꽤 자부심이 있었고 일하고 싶은 곳으로부터 거절당해본 적도 없었다. 달라진 점이라곤 결혼한 것밖에 없는데 회사에서 자리 잡을 때까진 아이를 가질 계획도 없었으므로 결혼이 걸림돌이 되리라곤 예상치 못했다. 그런데 아이가 있는 기혼여성보다 아이 없는 기혼여성이 더 불리하다는 사실을 나중에야 알았다.

"결혼하셨는데 아이는 아직 없네요. 그럼 앞으로 언제쯤 아이를 가질 계획이신가요?"라는 질문을 종종 들었다. 회사 입장에서 나는 언제 임신하고 출산할지 알 수 없는 위험천만한 입사지원자였던 셈이다. 아직은 계획이 없다고 해도 믿지 않는 눈치였다. 그렇게 다들 불안해하던 나를 채용해준 회사였다. 결혼 후 1년간 남편과 함께 에티오피아에 머물며 아이들을 돌보고 교사와 부모들 교육도 담당하면서 상담치료를 했는데 대부분의 회사에서 봉사활동 정도로 치부하던 그 경력까지 높이 사준 회사이기도 했다. 그러니 더더욱 놓치고 싶지 않았다.

임신한 걸 모른 척하고 그냥 출근할까? 아주 잠깐 이런 생각도 했으나 "솔직하게 말해야 한다"는 아버지의 충고를 듣고 회사에 임신 사실을 전했다. 그럼에도 출근할 수 있다고 했지만, 회사에서는 차마 나오지 말란 말은 못해도 걱정스럽다는 반응을 보였다. 고작 7개월 출근하고 출산휴가에 들어가야 했지만 염치불구하고 출근을 강행할 결심이었다. 그것만이 여기서 끝날지도 모를 내 경력을 지킬 유일한 길이라고 여겼다.

그런데 뒤이어 시작된 입덧이 다시 발목을 잡았다. 아무리 안면몰수한다 해도 입덧까지 하면서 출근을 강행하는 건 민폐였다. 결국 출근을 해보지도 못한 채 입사를 포기하고는 입덧 때문에 울 기력도 없이 시체처럼 누워서 지냈다.

입덧이 조금씩 잦아들 무렵, 정규직으로 다시 세상에 나갈 수 없다면 프리랜서로라도 일할 수 있도록 준비를 해둬야겠다는 생각이 들었다. 상담 및 치료분야는 프리랜서로 뛸 수 있으므로 그간 부족하다고 생각했던 부분을 이번 기회에 보강해 아예 상담전문가의 길을 가자고 마음먹었다. 미술치료와 놀이치료 자격증을 따고 슈퍼비전^{내담자를 상담 치료한 사례를 선배 상담전문가로부터 검증받는 과정}을 통해 상담 실력을 높이는 데에 열중했다. 출산 후 아이를 키우면서도 배우는 것을 아예 놓지 않으려고 아등바등했다. 배우는 것이 좋기도 했지만 그보다는 내 안에 이미

똬리를 튼 불안감이 나날이 커지고 있기 때문이었다. 나는 이제 '어떤 일'을 하면서 살아야 하는걸까? 엄마가 아닌 나 자신으로 다시 살아갈 수 있을까? 육아를 하는 내내 이런 의문이 내 마음을 휘젓고 있었다.

엄마들에게 뭔가가 필요하다

대학에 입학했던 스무 살 때부터 쉬지 않고 아동에 대해서 공부하고 아동과 관련된 일만 했었다. 그래서 좋은 엄마가 될 수 있으리라는 자신감이 있었다. 하지만 출산 후 본격 육아를 시작하는 시점부터 모든 것이 생각처럼 흘러가지 않았다. 사실 자연분만도 모유수유도 누구나 다 할 수 있는 일인 줄 알았고, 엄마가 되면 모성애가 마구 샘솟아서 잠을 안 자도 짜증이 안 나고 배도 안 고플 줄 알았다. 나만 바라보며 우는 아이가 원망스러울 수도 있고, 엄마라는 역할에서 잠시라도 벗어나고 싶은 욕구가 내 마음에 생길 줄은 정말 몰랐다. '엄마라는 사람이 어떻게 이럴 수 있지?'라는 자괴감이 밀려왔고 나의 모성을 매일 의심했다.

엄마가 되기 전 부모교육이나 상담을 하면서 엄마들에게 했던 말들이 이따금씩 생각날 때면 얼굴이 화끈거렸다. "감정조절을 잘하셔야 해요"라니…. 틀린 말은 아니지만, 아이에게 잘하고 싶어도 마음이 지쳐버린 엄마들의 속사정을 그땐 정말 몰랐기에 할 수 있었던 용감한 말이었다. "엄마가 행복해야 아이도 행복해요"라고 수없이 이야기해 왔지만, 정작 엄마가 된 나는 나의 행복을 우선시할 수 없었다. 한여름 출산으로 온몸에 피부병이 생겼지만, 안 나오는 모유를 어떻게든 먹이겠다고 밤낮으로 유축을 해가며 온몸에 진물이 나도 피부약 먹는 것을 미루는, 나도 그런 보통의 엄마였다.

'좋은 엄마'가 되려고 나는 두 시간에 한 번씩 깨어 아이에게 모유를 먹였다. 피부약을 먹지 못해 가려운 몸을 벅벅 긁으며 고통스럽게 수유를 하던 어느 날 밤 문득, '내가 뭐하고 있는 거지?' 하는 생각이 들었다. 그동안 만났던 많은 엄마들의 얼굴이 떠오르며, 의미도 모호한 '좋은 엄마'라는 단어에 더 이상 끌려 다니고 싶지 않다는 생각이 들었다. 고집스럽게 고수하던 모유수유를 마침내 중단하고 피부약을 처방받아 먹기 시작했다. 피부병이 누그러지며 내 몸이 정상으로 돌아오고 나를 옭아매던 의무감 중 하나를 스스로 내려놓으면서 마음에 여유가 생겨났다. 누군가가 정해놓은 부담에 일방적으로 끌려가지 않고, 엄마가 스스로 선택할 수 있어야 육아가 행복해진다는 사소하고도 소중한 깨달음을 얻는 순간이었다.

그렇게 내 마음에 여유가 생기고 나니 비로소 주변에 많은 엄마들이 있다는 것을 인지하게 되었고, 엄마라는 삶이 좀 더 깊이 눈에 들어오기 시작했다. 신생아 아이를 키우는 동안 나의 세상은 오로지 아이와 모유 수유뿐이었는데 그 틀을 벗어나면서 나의 시선이 확장되는 느낌이었다. 엄마로 사는 삶뿐만 아니라 다른 사람의 삶이 보이기 시작했고, 이전에 배웠던 이론과 육아의 현실이 수시로 맞닿으며 퍼즐이 맞춰지기 시작했다.

그런데 아무리 살펴봐도 행복한 부모가 별로 없었다. 특히 행복하게 육아하는 엄마를 거의 만날 수가 없었다. 정말 이상한 일이었다. '좋은 엄마'가 되려고 모두 애쓰며 배우고 있지만 스스로를 좋은 엄마라고 생각하는 엄마는 별로 없었다. 객관적으로 봤을 때 우리는 이전보다 정보도 많고 육아를 수월하게 해주는 육아템도 넘치는데 말이다. 엄마가 되어 엄마라는 존재를 바라보니 우리는 별로 행복하지 않았다. 엄마로 사는 나 자신에게, 그리고 엄마인 우리 모두에게 무언가가 필요하다는 생각이 들었다.

그 때 나는 고작 스물아홉 살이었다. 아이를 키우는 일은 이전에 했던 어떤 일보다 보람있었지만 그것만으로는 허전한 마음이 채워지지 않았다. 늘 갈증을 느꼈다. 일에 몰두하며 느끼는 쾌감을, 엄마가 아닌 내 이름 석 자로 불리는 존재감을, 일한 만큼 보상받는 성취감을 이렇게 빨리 놓아버리고 싶지 않았다. 경력단절 기간이 더 길어지기 전에 어떻게든 사회로 돌아가야 한다는 생각에 초조한 마음이 들었지만 막상 일을 생각하면 육아가 발목을 잡았다.

마침 여성가족부에서 사이버상담사를 구하고 있었다. 집에서 3~4시간 정도 인터넷을 이용해 위기 청소년들과 상담하고 한 달에 한 번씩 상담사들과 갖는 사례회의에 참석하면 되는 일이었다. 뜻밖의 '합격' 통보를 받고는 덜컥 겁이 났다. 상담하다가 아이가 울면 어쩌나 싶고 혹 아프기라도 하면 상담에 집중할 수 있을지 걱정이 태산이었다. 초기엔 포대기로 아이를 업고 칭얼댈 때마다 얼러가며 전쟁을 치르듯 상담했다. 어떤 날은 아이의 낮잠 타이밍이 안 맞아 4시간 근무 내내 아이를 업고 타자를 치며 일을 하기도 했다. 그러다 나중에 상담사들과 친분이 생기고부터는 아이 낮잠 시간에 상담할 수 있도록 배려

받기도 하고 아이가 아플 때는 상담시간을 바꾸기도 하면서 한결 수월해졌다. 나보다 먼저 이 고민을 하고 세상에 나온 많은 선배 엄마인 동료들이 그만두지 않을 수 있게 격려하고 배려해주었다. 그렇게 동료 상담사들에게 많은 빚을 진 덕분에 1년 6개월이나 상담일을 지속할 수 있었다.

경력단절? 엄마로서 성장 중이다

파트타임이라도 일을 시작하자 살 것 같았다. 일과 육아가 구분되지 않는 공간에서, 내담자의 얼굴도 못 본 채 진행하는 사이버상담이어서 크게 만족스럽진 않았으나 경력을 이어가고 있다는 안도감이 있었다. 무엇보다 좋았던 건 한 달에 한 번 열리는 사례회의였다. 그 시간만큼 은 '민후 엄마'가 아닌 '상담사 이다랑'으로 존재하는 느낌이었다. 누군가 나를 내 이름으로 불러주는 그 시간이 남은 다른 날들을 건강하게 버티게 해주었다.

분명히 엄마라는 역할이 내게 주는 행복은 컸다. 만약 엄마가 되지 않았다면 내 마음이 이만큼 풍성하지 못했을 것이고, 인생의 다양한 단맛 쓴맛을 모르고 살았겠지 생각할 만큼 의미 있는 시간이다. 하나 의 생명을 키우는 일은 고되고 힘들지만 그 고생이 잊힐 만큼 아이가 주는 보람 또한 크다. 그렇다고 엄마로만 살고 싶지는 않았다. 나는 엄 마가 아닌 내 이름이 불리는 곳이 있길 바랐고, 엄마가 아닌 나로서의 또 다른 역할이 있기를 바랐다. 그것이 내가 그토록 힘겹게 육아와 일 을 함께 붙잡고 가는 이유였다. 그러면서 아이 키우는 동안 고되고 고

립된 환경에서 지치기 쉬운 엄마들에게 '일'이 얼마나 중요한지 절감했다. 여기서 일은 단순히 돈을 버는 행위가 아닌, 작은 성취감이자 엄마가 아닌 나로서 존재하게 해주는 사적인 공간과 같은 의미였다.

나는 모든 엄마가 일을 해야 한다고는 생각지 않는다. 오히려 아이를 키우고 가정을 돌보는 일 또한 이에 준하는 가치 있는 직업으로서 대우받아야 한다고 여긴다. 다만 스스로 선택할 수 있는 세상이 되었으면 한다. 내가 원해서 일을 하지 않는 것과 일을 할 수 없는 상황이 되어 어쩔 수 없이 못 하게 되는 것은 누군가의 삶에 너무나 큰 차이를 만들기 때문이다.

그렇게 힘겹게 이력을 이어가는 동안 자연스럽게 일이 확장되기 시작했다. 상담사들과 인맥이 형성되면서 강의나 오프라인 상담을 맡아달라는 의뢰가 종종 들어왔고 그때마다 영역을 넓힌다는 생각으로 최선을 다해 응하곤 했다. 상담전문가로 일하려면 어차피 오프라인으로 진출해야 했으므로 아이가 좀 큰 다음에는 친정엄마에게 잠깐씩 맡겨두고 상담센터에 정기적으로 출근하기도 했다. 사이버상담사를 그만둔 후에는 지방자치단체 산하의 복지센터, 청소년수련관부터 사설상담센터까지 여러 기관에서 아동과 청소년을 상담하며 일을 지속했다. 물론 엄마가 되기 전처럼 마음껏 일하거나 공부할 수는 없었다. 늘 시간에 쫓겨 뛰어다니며 아이의 하원시간을 간신히 맞추는 신데렐라처럼 일했다. 정규직에는 도전할 엄두가 나지 않았고, 좋은 기회가 있어도 육아를 병행하기 어려운 자리라 포기하곤 했다. 하지만 그래도 일을 하며 육아를 병행할 수 있다는 것이 좋았다.

그리고 무엇보다 내가 내 아이를 키우면서 일을 병행하다 보니, 이 일을 대하는 나의 마음과 자세가 이전과 많이 달라지는 것을 느낄 수 있었다. 아이 때문에 고민하는 학부모 앞에서 당장 떠오르는 말이 있어도 다시 한번 생각하게 되었다. '이 엄마가 그동안 반복되는 아이의 문제를 바라보면서 얼마나 마음이 괴롭고 스스로에게 죄책감을 느꼈을까?'라는 생각이 스치니 차마 아무 말이나 쉽게 꺼낼 수 없었다. 어떠한 방식으로 전달해야 엄마가 죄책감을 덜 느끼고 변화를 위한 무언가를 시도해볼 수 있을까 고민하는 내 모습을 보면서, 엄마로 사는 동안 내가 상담사로서도, 한 인간으로서도 이전보다 성장했음을 느꼈다.

아이 낳고 3개월 만에 붓기도 빠지지 않은 몸으로 면접을 보러갈 만큼 경력단절을 두려워하며 살았던 나. 이력서에 출산 전후로 비워 있는 그 공란을, 단절이며 손해이고 포기라고 생각해왔지만, 그 시간 동안 나는 절대 멈춰 있지 않았다. 이전보다 사람을 보는 마음이 커졌고, 인내할 수 있게 되었고, 동시에 다양한 일을 처리하는 멀티플레이어가 되어 있었으며, 무엇보다 내가 어떤 사람인지 발견하며 무엇을 좋아하고 해야 하는 사람인지에 대한 깨달음을 얻었다. 엄마로 지내는 시간이 왜 경력단절의 시간인가? 엄마들은 날마다 고민하며 최선을 다해 하나의 인격체를 키워내고 있다. 세상의 잣대, 엄마로 살아보지 못한 이들의 잣대에 더 이상 나를 끼워맞추지 말자.

이런 생각 끝에 나는 어렴풋이 '그로잉맘'을 떠올렸다. 단지 좋은 엄마가 되는 성장이 아니라, 부모라는 역할을 통해 나라는 사람이 건강하고 행복해지는 성장, 그런 이야기를 하고 싶다는 욕구가 샘솟았다.

● 진심을 담아 쓰기 시작한 글이 콘텐츠가 되었다.

그로잉맘 ● 이다랑

SNS 계정으로
엄마들의 마음을 읽다

결혼하고 엄마가 되기 전 남편과 에티오피아에 일 년 정도 머문 적이 있었다. 국제봉사의 일환으로 아프리카 아이들이 다닐 유치원을 설립하고 그 지역의 100명 정도 되는 부모를 일 년 동안 장기적으로 성장시키는 프로젝트의 매니저로 일할 수 있는 좋은 기회였다. 우리가 흔히 예상하는 아프리카보다는 상황이 조금 더 나은 편이지만, 그래도 에티오피아의 엄마들은 여전히 임신 후 출산까지 자신의 몸 안에서 아이가 어떻게 자라는지에 대한 기본적인 지식이 없었으며, 문맹이 많았고, 여성이라는 이유만으로 사회적 대우도 형편없었다. 아이를 어떻게 키워야 하는지에 대해 들어본 적도 없는 백지 같은 상태였다.

하지만 그런 에티오피아 엄마들은 일 년이 지나면서 놀랍도록 변했다. 그림일기를 그리고 집 앞에 꽃을 옮겨 심으며 자신을 하나의 인격체로서 돌보았고, 아이를 위해 그리고 스스로를 위해 남아서 글자를 배웠다. 스스로의 권익과 아이들의 교육 권리를 위해 자체적으로 모임을 만들어 움직이기도 했다. 그들은 조금만 자극을 줘도 큰 변화를 보였다. 반면 한국 엄마들은 웬만한 자극에는 꿈쩍하지 않는다. 너무 많은 정보에 노출돼 있어서인지 늘 남과 비교해 스스로를 불행하다 여기는 엄마가 많았고 아이 낳아 키우면서 행복해하기는커녕 더 잘해주지 못해 죄책감을 갖거나 아이한테 매여 사는 일상에 지쳐 심리적 빈곤에 시달리는 경우가 많았다.

SNS에서 시작된 그로잉맘

무엇이 문제일까? 그 고민이 내 마음에서 멈추지 않았다.

상담사로 일하고 돌아와 육아를 하다 보면 많은 생각과 감정이 내 안에서 터질 듯이 올라왔다. 엄마들과 상담할 때마다 가슴에 차곡차곡 쌓였던 답답함을 풀 곳이 필요했다. 상담사로서도 엄마로서도 아직 충분히 무르익지 않은 내가 감히 무언가를 써도 되는 걸까, 라는 생각에 망설이기도 했지만 결국 SNS에 계정을 만들었다. '그로잉맘'이라는 닉네임으로 인스타그램에 글을 올리기 시작했다. 성장하는 '엄마'라는 뜻이기도 하고 성장하는 '마음'이라는 뜻이기도 하다. 누가 보든 상관없이 내 안에서 마구 솟아나는 말을 배설하듯 글로 풀어냈다. 지금 아니면 담을 수 없는 생각들이 있고, 기록하지 않으면 사라질지도 모르기 때문이다.

엄마로서 아이를 바라보는 이야기, 상담사로서 느끼는 현실과 이론 사이의 괴리 등 그냥 누구라도 붙잡고 하고 싶은 이야기들을 꾸밈없이 담백하게 써 내려갔다. 콘텐츠에 대해 전혀 모를 때라 SNS의 특성 같은 것도 잘 몰랐고 그저 '그로잉맘'이라는 이름으로 이곳저곳에 계정을 만들었다. 그냥 어디서라도, 누구라도 읽는 사람이 생기겠지 하는 단순한 마음이었다. 한동안은 나 말고 아무도 내 글을 읽지 않았다. 그래도 기록이라고 생각하며 글쓰기를 멈추지 않았다. 오히려 자꾸 쓰다 보니 꼭 누가 읽지 않아도 상관없다는 생각도 들었다. 아이가 잠든 후 밤 시간에 글을 쓰기 위해서 낮 시간에 많은 것을 생각하고 읽고 마음속으로 정리하는 행위가 그 누구보다도 나 자신에게 큰 도움이 되었다.

그런데 시간이 꽤 흘러도 정말 아무도 내 글을 읽지 않았다. 광고하려고 들어온 팔로워나 검색하다 걸리는 방문객을 제외하면 그저 나혼자 쓰고 며칠 후 다시 읽어보는 수준이었다. 많은 사람들이 내가 쓴 글을 읽게 하고, 영향력을 미치는 일은 생각보다 쉬운 게 아니라는 것을 그때 제대로 경험했다. 손바닥도 마주쳐야 소리가 나고 소리가 나야 자꾸 박수를 치고 싶듯이, 허공에다 매일 생각을 쏘아 올리는 일은 재미가 없었다. 그만할까 하는 마음이 올라왔지만 꾹꾹 누르고 꾸준히 글을 올렸다. 무슨 일이든 단시간에 이룰 수 있는 것은 없다. 뭐든 축적이 중요하다고 믿으며.

그렇게 한 달, 두 달이 흐르면서 눈에 띄게 조회 수가 오르고 댓글이 달렸다. 그것도 블로그가 아닌, 이미지를 중심으로 간단하고 가볍게 소통하는 SNS에서 말이다. 그로잉맘의 SNS에는 세련되고 멋진 이미지도 없고, 명품가방이나 핫한 카페도 없었다. 이미지 중심의 SNS에는 어울리지도 않는 긴 글이 가득해 인스타그램과는 꽤나 이질감이 있었다. 그저 아이 키우는 평범한 아줌마의 계정에 사람들이 관심을 갖고 내가 올리는 글을 읽어주는 것이 마냥 신기했다. 나름대로 독자가 있다고 생각하니 신이 나기도 했고 더 다양한 글들을 올리고 가끔은 사비를 털어 이벤트도 하면서 내가 만든 놀이터 안에서 즐겁게 엄마들과 놀았다. 팔로워는 자꾸만 늘어갔고 얼마 지나지 않아 5천, 그리고 1만 팔로워를 돌파하기 시작했다. 홍보 한 번 제대로 한 적도 없고, 해시태그도 잘 못 달았는데 정말 신기한 일이었다.

● 한 땀 한 땀 만들어간 콘텐츠는 책과 강의 프로그램이 되었다.

그로잉맘 ● 이다랑

위로가 필요한 엄마들의 마음을 읽다

별 기대 없이 시작한 일이 커져버렸다. 소셜 미디어를 잘 알지도, 해야 할 필요성도 느끼지 못한 채 살아서 처음엔 막연한 두려움이 있었다. 두려웠지만 행동했고 그 결과 내가 달라지고 내 주변에 변화가 일어난 것이다.

한번은 어린 아들을 데리고 모처럼 온종일 놀아줄 요량으로 밖으로 데리고 나간 적이 있었다. 시작은 좋았으나 아이는 한두 번씩 바닥에 드러누웠고 떼쓰는 아이 때문에 화가 치밀어 올랐다. 그 모습을 사진 찍어 인스타그램에 올리며 '상담사 엄마의 아들도 이러고 별거 없으니 엄마들 힘내세요'라는 글을 남겼다. 농담 반 진담 반으로 올린 글에 엄마들의 반응은 뜨거웠다.

'어머, 정말 위로가 됐어요.'

'그로잉맘님 같은 전문가도 같은 상황이라니, 왠지 마음이 놓여요.'

그때 나는, 어쩌면 우리는 모두 좋은 엄마에 대한 막연한 환상을 가지고 있는 것은 아닐까 라는 생각을 했다. 완벽하게 좋은 엄마란 사실 존재할 수 없는데 우리는 그 어떤 좋은 엄마와 스스로를 자꾸 비교하며 날마다 좌절하면서 말이다. 이미 충분하지만 스스로를 칭찬할 수 없는 엄마들에게, 나는 안도감을 주는 존재였고 그것이 내 글을 읽고 반응을 해준 이유였다. '전문가 엄마도 똑같이 아이한테 화내고 죄책감 느끼고 남편하고 싸우고 일과 육아 사이에서 혼란스러워하며 사는구나', '완벽하게 좋은 엄마란 이 세상에 존재하지도 않고 존재할 수도 없는 허상이구나', '내가 그렇게 부족한 엄마는 아니구나' 하는 안도감을 주는, 그로잉맘은 그런 곳이 되어가고 있었다.

그제서야 살펴보니 엄마를 대상으로 하는 콘텐츠는 정말 많았지만 모두 '이렇게 해야지만 아이를 망치지 않아!', '이렇게 해야 좋은 엄마 야!'라고 이야기하고 있었다. 엄마를 타켓으로 하는 많은 업체들 중에 는 이렇게 하지 않으면 안 된다는 불안을 콘텐츠로 만들어 끼워 파는 곳들도 많았다. 그래서 우리는 지쳤고, 보이지 않은 목표를 향해 달려 야 했고 끊임없이 더욱 좋은 엄마, 화내지 않는 엄마, 감정조절 잘하는 엄마가 되어야 했다. 훈육이라는 단어를 포털사이트에 검색하면 0.25 초 만에 180만 개가 넘는 자료가 쏟아져 나왔다. 아이에게 도움이 되 는 교구나 프로그램이 연결되어 끝도 없이 쏟아지는 현실 속에서, 전 문가라는 타이틀은 달고 있지만 나와 크게 다르지 않은 듯 보이는 누 군가가 공유하는 평범한 생각과 느낌들은 '내가 그렇게 부족한 것만 은 아니구나' 하는 안도감을 주었던 것 같다.

"인스타그램에는 그렇게 길게 글을 쓰면 잘 안 읽어."라고 했던 남 편의 조언은 며칠 뒤 감탄으로 바뀌었다.

"와, 읽는다. 사람들이 어떻게 이 긴 글을 읽나?"

엄마들과의 소통에 조금씩 자신감이 붙었다. 거창한 전문가는 아니 지만 엄마들이 혼자 가슴앓이하지 않도록 언제든 쉽게 다가설 수 있 게 편하게 물어볼 수 있는 진짜 친구가 되어야겠다는 생각을 했다.

엄마가 되어보니, 엄마가 보이기 시작했다. 비로소 머리가 아닌 가 슴으로 부모도 불완전한 존재임을, 그래서 나약한 존재임을 이해하게 된 순간 우리를 더욱 흔들리게 만드는 수많은 단절을 이어보기로 했다. 부모와 아이 사이의 정서적 단절, 엄마와 일 사이의 사회적 단절, 나와 너 사이의 소통의 단절들을.

꾸준히 써 내려간 글이 비즈니스가 되다

그때쯤 네이버 육아코너와 이야기가 닿으며 좀 더 본격적으로 심리학을 부모에게 쉽게 전달하기 위한 다양한 전문 콘텐츠를 기획하기 시작했다. 그전까지는 내 생각을 이야기하던 에세이였다면, 본격적으로 블로그를 운영하면서 평소에 부모들에게 꼭 필요하다고 생각했던 다양한 주제들을 기획했다. 새로운 콘텐츠들을 기획하면서 관심이 있는 주제가 있으면 부모를 대상으로 어떤 사람들이 어떻게 제공하는지, 기존 콘텐츠가 어떤지를 수시로 살피면서 빈틈을 찾았다. 하나의 주제에 꽂히면 틈나는 대로 관련된 책이나 공부하던 자료들을 읽었고 문장이나 단락마다 나의 생각과 지금의 육아 현실에서 느껴지는 감정을 빼곡히 적었다. 또 SNS에서 엄마들을 팔로잉하고 수시로 그들의 일상과 글을 보면서, 주로 어떤 고민을 하고 어떤 감정을 느끼는지, 요즘 엄마들은 무엇에 관심이 많은지를 파악했다.

그러한 과정에서 부모가 아이를 위해 해줄 수 있는 놀이 아이템으로만 가득했던 기존 놀이 콘텐츠의 빈 영역을 채우기 위해, 아이를 잘 놀게 하려면 부모가 어떤 언어와 행동으로 상호작용하면 좋은지에 대한 내용을 담은 〈놀이의 정석〉을 연재하게 되었다. 이후 엄마의 특수한 상황을 고려한 자존감에 대한 이야기를 담은 〈엄마의 자존감 수업〉을, 그리고 단순히 육아 방법만 검색하여 적용하는 것이 아니라 심리학을 통해 아이의 마음을 배웠으면 좋겠다는 목적으로 〈엄마의 심리학 수업〉을 기획했다. 최근 연재하는 〈애바이애, 기질육아〉까지 100편이 넘는 글을 매주 작성했다. 처음에는 공유 이미지를 찾아서 사용하다가 나중에는 주변에 그림 그리는 재능이 많은데 잘 알려지지 않은 블로거 엄마들과 그림과 글을 콜라보레이션하기도 했다. 되도록이면 기획되는 콘텐츠마다 다른 느낌을 주기 위해 직접 아이패드로 간단한 그림을 그리기도 하고, 아이와 함께 놀이하는 레고를 사용해서 사진을 찍어 올리기도 했다. 이렇게 한 땀 한 땀 만들어간 콘텐츠는 책이 되었고, 강의프로그램이 되었다. 그리고 지금의 육아상담 전문기업인 그로잉맘의 뼈대가 되었다.

최근 엄마들을 대상으로 창업에 대한 강의를 할 기회가 종종 있는데 그때마다 받는 질문이 있다.

"콘텐츠로 뭔가를 하려면 어디서부터 시작해야 할까요?"

질문을 받을 때마다 나는 아무리 사소해 보이는 일이라도 '기록'을 하라고 답한다. 예를 들어 육아 콘텐츠를 만든다고 가정해 보자. 누군가의 육아가 더 특별해서 좋은 콘텐츠가 나오는 것은 아니다. 일상은 어차피 거기서 거기이기 때문이다. 결국 평범해 보이는 일상에서 누구나 공감할 만한 의미를 발견하는 것이 중요하고 그것을 보기 좋게 풀어내는 기획이 더해졌을 때 콘텐츠가 만들어진다. 사실 나도 처음부터 '이렇게 해야지'라고 거창하게 시작한 것이 아니었다. 육아 말고 뭐라도 좋으니 그저 쓰고 싶다는 마음으로 써 내려간 글이 꾸준히 이어지며 누군가에게 읽히기 시작했다. 당장 거창하게 콘텐츠를 만들기는 어렵기에, 우선은 흩어져 있는 생각과 감정들을, 일상의 이야기들을 간단하게 모으는 것부터 시작하라고 권하고 싶다. 흩어져 있는 점들이 모여야 의미 있게 연결될 수 있고, 그러기 위해서는 우선 기록되어야 가능하다. 게다가 어딘가에 꾸준히 나의 이야기를 기록한다는 것은, 간단하게 시작할 수 있는 생산적인 활동이기에 꼭 콘텐츠를 만드려는 목적이 아니라 해도 육아로 지친 엄마들의 심리적 건강을 돌보는 좋은 방법이 될 수 있다. 그리고 혹시 모르지 않는가. 그로잉맘이 그렇게 시작되었듯 당신의 사소한 일상이 직업이 되고 창업의 아이템이 될지도.

● 기질육아를 레고 블럭으로 쉽게 풀어내다.

"스타트업?
그게 뭐야?"

"그로잉맘 계정 대단하더라! 팔로워도 많고 강연도 엄청 늘었다며? 이러다 유명 강사 되는 거 아니야?"

쓰고 싶은 글 마음껏 쓰면서 해방감도 맛보고 예상치 못했던 좋은 반응에 살짝 들뜨기도 했던 어느 날, 누군가로부터 이런 얘기를 듣고는 정신이 번쩍 들었다.

'나는 유명해지고 싶은 걸까?', '돈을 많이 벌고 싶은 걸까?', '그로잉맘으로 무엇을 하고 싶은 걸까?'

스치듯 내뱉은 누군가의 말이 내 마음에 묵직한 돌덩어리가 되어 내려앉았다. 내가 뱉어낸 글을 통해 누군가가 힘을 얻는다면 좋았고, 그것이 강의나 상담으로 이어져 실제로 엄마와 아이가 이전보다 편안해지는 변화를 보면서 큰 보람을 느꼈다. 여전히 병행하던 상담사로서의 일도 참 좋았다. 그런데 이제는 진지하게 방향을 고민해야 할 때였다. 그로잉맘으로 무엇을 하고 싶은지, 무엇이 내가 바라는 것인지 생각해 볼 시점이었다.

나는 유명한 강사가 되고 싶지는 않았다. 그렇게 되는 것도 정말 대단한 일이지만, 결국 개인은 아무리 유명해지더라도 할 수 있는 일에 한계가 있다고 생각했다. 아무리 유명하고 유능한 강사라 해도 일시적으로 사람들을 감동시키고 감탄하게 할 수는 있어도 생활 속으로 파고들어 삶의 태도를 바꾸고 일상을 바꾸는 건 불가능하다는 한계를 느끼고 있었기 때문이다. 그래서 인기보다는 체계를 만들고 싶었고, 꾸준히 지속될 수 있는 무언가를 만들고 싶었다. 그러려면 회사가 필요한데 당시만 해도 창업은 특출한 사람들이나 하는 도전이라 여겼으므로 아예 쳐다볼 엄두도 내지 못했다. 그런데 남편은 물론 에티오피아에서부터 친하게 지내던 친구까지 창업을 권했다.

"네가 하고 싶은 그 일을 할 수 있는 유일한 길이 바로 사업이야."

"문제를 해결하는 방법 가운데 하나가 기업 활동이라니까."

그때 처음 남편으로부터 '스타트업'이라는 용어를 들었다.

"스타트업으로 시작하면 된다."는 남편의 말에 이렇게 되물은 기억이 난다.

"스타트업? 그게 뭐야?"

창업가의 기본을 배우는 시간

사람은 누구나 변화에 두려움을 느낀다. 경험해보지 않은 것에는 본능적으로 두려움을 느끼고 거부감을 드러낸다. 나 또한 '사업'이라는 말을 듣고 처음엔 거부감부터 들었다. 나와는 거리가 먼 대단한 사람들이나 하는 일이라고 여겼다. 특히나 실패한 사람에게 가혹한 사회 분위기도 두려움에 한몫했다.

남편은 구글 스타트업 캠퍼스의 '엄마를 위한 스타트업 캠퍼스'를 알려주면서 가볍게 한번 도전해보라고 했다. 지원을 하려면 사업 아이템을 구체적으로 정리해야 했다. 두려웠지만 공부라 생각하고 고민 끝에 앱을 기반으로 하는 육아코칭 서비스를 토대로 한 지원서를 작성했다. 그때쯤 온라인을 통해 소통하며 육아고충에 대한 엄마들의 필요를 많이 듣게 되었다. 육아에 대해 질문하고 상담 받고 싶어 한다는 것. 그러나 외출하기 어렵거나 주변에 적절하게 상담 받을 곳을 찾기가 어렵다는 것. 그 점을 알고 생각해낸 아이템이었다. 지금 다시 읽어보면 민망할 정도로 허접한 지원서이지만 다행히도 합격했고 그렇게 나는 스타트업이라는 세계에 첫 발을 내딛었다.

엄마를 위한 캠퍼스 프로그램은 참 알찼고 창업가로서의 기본을 닦기에 충분했다. 수업을 따라가면서 내가 막연하게 생각하고 작성했던 비즈니스를 점검해볼 수 있었고, 직접 현장에서 엄마들을 인터뷰하고 분석하는 작업을 통해 고객중심의 서비스를 기획하는 기본기를 다질 수 있었다. 무엇보다 아이를 데리고 와서 수업을 들을 수 있도록 엄마에게 딱 적합하게 운영되는 점이 마음에 들었다.

엄마를 위한 캠퍼스 프로그램이 마무리될 무렵, 처음 캠퍼스 신청을 위해 기획한 육아코칭 앱으로 진짜 창업을 해도 괜찮겠다는 생각이 들었다. 다만 엄마들의 질문에 답하는 구조로 단순하게 앱을 설계했다가는 단편적이고 피상적인 상담밖에 할 수 없다는 문제가 있어서 그 부분을 어떻게 보완할 수 있을까 많이 고민했다. 문제를 인식하면 답은 찾을 수 있다. 결국 엄마와 아이를 직접 대면하지 않고도 개인 상담에 버금갈 만큼 문제를 파악하고 효과적인 개선방안을 제시하기 위해서는 다양한 데이터를 얻어야 한다는 결론에 이르렀다.

그 결과 엄마의 심리검사와 놀이영상 분석을 구상했다. 엄마의 심리검사를 통해 스트레스 정도와 양육태도, 아이의 기질적인 특성과 발달 정도 등을 파악한 다음 엄마와 아이가 놀이하는 영상까지 분석하면 엄마와 아이의 성향을 기반으로 핵심을 짚는 상담을 할 수 있을 것으로 내다봤다. 앱을 기반으로 하는 기존 상담서비스는 물론 온라인 상담서비스 전체를 뒤져봐도 이만큼 체계적이고 과학적인 온라인 상담 프로그램이 없다는 사실을 확인하고는 가슴이 설레었다. 시스템이 워낙 복잡해 설계도대로 구현하려면 초기 투자비용이 만만치 않으리라 예상했지만 벤처 투자자들을 납득시킬 수만 있다면 얼마든지 실현 가능한 비즈니스 모델이라고 믿었다.

'엄마를 위한 캠퍼스' 마지막 날, 데모데이가 있었다. 투자자들 앞에서 한껏 구상한 육아 상담서비스를 설명했지만 서비스 자체를 이해시키는 것도 힘들었다. 이후 다양한 정부지원사업이나 스타트업 경진대회를 경험하면서 똑같은 한계에 부딪혔다. 모두가 그런 것은 아니지만 간혹 남자 멘토나 투자자의 경우 육아 상담서비스가 왜 필요한지조차 공감하지 못할 때가 많았다. 고민할수록, 부딪힐수록 점점 의욕이 꺾였다. 대표라고 불리는 일조차 부끄러워지기 시작했다. 모든 것이 투자받지 못하면 불가능한 일이었다.

내가 무엇을 원하는지를 알면 길이 보인다

쓰디쓴 첫 번째 좌절이었다. 잠시 창업 생각을 멀리하고 싶었다. 그래서 상담센터 일만 하면서 더는 창업을 생각하지 않으려고 노력했다. 하지만 완전히 머리와 마음에서 사라지지 않았고 뭔가 해야 할 일을 안 하고 있는 것처럼 개운치 않은 느낌이 줄곧 떨쳐지지 않았다. 특히 인스타그램과 블로그에 쏟아지는 엄마들의 고충을 접할 때면 더욱 그랬다. 이래서 온라인 육아 상담서비스가 필요한 건데…. 이대로 포기하고 싶지 않다는 생각에 마음이 무거웠다.

그런데 정말 창업을 해야 했던 운명이었던 걸까? 아니면 간절히 원하니 연결이 된 걸까? 그 때쯤 지금의 부대표인 그로잉맘을 함께할 파트너도 만나게 되었고, 비슷한 가치관을 바탕으로 그녀와 사업에 대해 이야기 나누다보니 '부딪혀보자!'는 용기가 다시 살아나기 시작했다.

그리고 우선은 한번 확인해보기로 했다. 정말 부모들에게 데이터를 기반으로 하는 육아상담이 필요한 것인지, 기획한 방법대로 서비스를 제공하면 정말 도움이 될 것이며, 고객들은 이 서비스를 구매할 것인지 시장에서 답을 찾아보자고 목표를 세웠다. 그렇게 확인해볼 가설을 세우고 나니, 당장 해야 할 일이 보다 뚜렷해졌다. 처음 기획했던 온라인 서비스의 형태를 오프라인 강좌 형태로 기획하였고 여러 백화점 문화센터를 접촉하면서 간단한 워크북과 강의도구를 제작했다. 혼자보다는 둘이 머리를 맞대니 고비가 있을 때마다 이전처럼 쉽게 그만 둘 생각이 들지 않았다. 그리고 계속 함께 할 수 있을 것 같다는 확신이 생겨, 부대표와 함께 2017년 3월, 주식회사 '그로잉맘'을 정식으로 창업하게 되었다.

혼자 하던 SNS 계정에서 회사로 정체성이 바뀌고 나니 꼭 살아남고 싶다는 생각이 들었다. 지원사업에 도전해 지원금을 받아 처음 계획했던 온라인 개발은 나름의 속도대로 진행하되, 투자받지 않고도 버티면서 육아시장에서 우리의 설 자리를 만들어 가기 위해 오프라인 교육시장도 함께 공약하였다. 책상에 앉아 기획하는 것이 아니라 매일매일

● 전문가와 부모를 연결하는 커넥터를 꿈꾼다.

다양한 부모를 직접 만나며 그들이 느끼는 고민이 어디에서 출발하는지 발견하고 우리가 세운 가설이 맞는지 검증하고 또 검증하는 시간을 가져보자는 계획이었다. 동시에 SNS을 통해 콘텐츠를 만들고 소통하며 그로잉맘이 회사로서 성장하는 과정을 솔직하게 부모들과 공유하기도 했다. 그로잉맘은 분명 기업이었지만, 여전히 부모들에게는 전문가이자 친구 같은 느낌을 계속 유지하는 것이 필요하다고 생각했다. 오프라인에서 운영하는 프로그램 역시 차별점이 필요했다. 이미 부모를 대상으로 하는 교육시장은 포화상태였고 새로울 것이 없었기에 '그로잉맘' 하면 떠올릴 수 있는 느낌의 프로그램들이 필요했다. 그래서 마치 상담센터에 온 것처럼 부모와 아이에 대한 다양한 자료를 분석받고 이를 토대로 수업을 받는 방식을 시도해보았고 또한 교육의 장소가 좀 더 다양했으면 좋겠다는 생각으로 크고 작은 다양한 기업들과의 제휴를 추진해보았다.

우리는 영유아스킨케어 론칭행사부터, 미술관, 전시회, 키즈카페 등등 부모가 모일 수 있는 곳이라면 어디든 갔다. 특히 엄마들이 가장 편안하게 갈 수 있는 지역 내 백화점 문화센터에서 단발성 특강이 아닌 2~3회 이상의 다회기 프로그램을 기획하여 관계자를 설득하고 또 설득한 끝에 진행할 수 있었다. 지금은 다회기 부모교육 프로그램이 꽤 있지만, 우리가 처음 시작할 때만 해도 백화점 문화센터에서 부모를 위한 교육프로그램이 특강 형태가 아닌 다회기로 제공되는 경우는 거의 없었다. 여러 차례 만나게 되니 당연히 더 깊이 있는 솔루션이 가능했고 참석했던 분들의 만족도 또한 높았다.

또한 엄마들이 보는 부모교육 자료도 좀 더 세련되고 예뻤으면 좋겠다는 생각에 그동안 개발한 프로그램들을 모두 감각적인 디자인으로 기획하고 레고놀이, 심리검사 데이터, 디자인 싱킹디자인 과정에서 디자이너가 활용하는 창의적인 전략을 활용한 방법론 등 다양한 시도를 더했다. 무엇보다 부모교육이 강의로만 머무는 것이 아니라 부모를 둘러싼 건강하고 유쾌한 문화가 될 수 있도록 엄마를 위한 신년회나 바자회, 루프탑 콘서트, 엄마의 일과 자존감에 대한 〈육아 말고 뭐라도〉 등을 부모교육의 한 부분으로 기획하며 시도했다.

사실 오프라인 정규 강좌는 처음부터 잘 되었던 것은 아니었다. 첫 학기에는 신청자가 3~4명뿐이었다. 하지만 "지점마다 수강자가 3~4

명씩밖에 안 되는데 그래도 하시겠느냐?"고 담당자가 물었을 때 흔쾌히 "하겠다"고 답했다. 어느 정도 예상한 일이었고 우선 폐강만 되지 않으면 강좌로 자리 잡아 키워나갈 자신이 있었기 때문이다. 또한 콘텐츠에 대한 자신감이기도 했고 부모도, 아이도 행복한 세상을 만들고 싶은 내 열정과 진심에 대한 자신감이기도 했다. 진심이 통했는지 처음 3명의 수강생으로 시작했던 오프라인 정규강좌는 일 년이 채 지나기도 전에 정원의 3배 이상이 대기하는 인기 프로그램이 되었고 지금까지 더욱 많은 백화점과 지점은 물론 기업의 사내 프로그램이나 마케팅 사업의 일환으로 확장해서 진행되고 있다.

큰 자본금을 들이지 않고 버티며 시작한 창업이었기에 창업지원사업과 경진대회에 꾸준히 문을 두드려야 했다. 처음엔 대부분 기관에서 탈락했지만 '함께 일하는 재단'을 통해 사회적 기업가 육성사업에 선정된 것을 시작으로 점차 스마트벤처캠퍼스, H-온드림 펠로우 등에 선정되면서 창업자금과 멘토링 등의 다양한 지원을 받을 수 있었다. 이러한 지원사업은 자금 지원뿐만 아니라 창업에 필요한 회계, 세무, 노무 관련 지원에서 디자인, 비즈니스 모델, 유통 등 다양한 영역에 대한 멘토링을 받을 수 있어서 도움이 컸다. 무엇보다도 지원사업을 통해 맺은 인연 덕분에 창업을 포기하지 않고 지속할 수 있는 동력을 얻을 수 있었고, 다양하고 새로운 기획들이 만들어지기도 했다. 지원사업에 너무 의존하면 창업에 리스크가 될 수도 있다고는 하나, 여성 창업가의 경우 더욱 세부적이고 다양한 지원이 많으므로 한번쯤은 꼭 지원해보기를 권한다.

그로잉맘 ● 이다랑

● 함께할 파트너를 만나다.

아이는 기질이라는 '재료'를 가지고 태어나요

● 오프라인 강연 모습

혼자 만들던 콘텐츠가
창업이 되기까지

사람들이 많이 궁금해하는 것 중 하나는, 계속 콘텐츠를 쌓아나가고 이를 묶어 책으로 만들고 강의를 하면서 커리어를 만들어갈 수 있는데, 왜 구지 힘들게 창업을 하고 회사를 꾸렸냐는 것이다. 솔직히 가끔씩 창업을 후회할 정도로, 회사를 운영하고 많은 의사결정을 하며 누군가의 월급을 책임지며 살아간다는 것이 쉽지 않다. 혼자 취미처럼 가끔씩 써 내려가던 콘텐츠가 아닌, 지속가능한 비즈니스 모델을 만들고 체계를 갖춰가는 일은 배우고 노력해도 여전히 어렵기만 하다.

콘텐츠를 만드는 일은 분명 재미있었다. 처음에는 어린 아이 키우며 상담일을 하는 어느 엄마의 넋두리에서 시작된 글이었지만, 점차 다양한 상황에서 아이를 키우는 부모들의 고민을 담고, 그것을 쉽게 이해하도록 고민하며 풀어내는 과정이 성취감 있고 좋았다. 콘텐츠를 만들다 보니 어떤 책을 읽고, 어떤 장소를 가도 늘 육아라는 이슈와 연결되었으며 내가 생각하고 느끼는 영역이 날마다 확장하며 성장하는 느낌이었다. 내가 만드는 콘텐츠를 보고 위로받았거나 또는 아이나 스스로를 잘 이해하게 되었다는 피드백을 받을 때마다 느끼는 성취감도 참 컸다. 사실 처음에는 큰 욕심을 내며 무리하지 말고 내가 나누고 싶은 이야기를 나누며, 재미있게 오프라인 프로그램을 만들고 진행하면서 일하면 그 자체로도 충분히 행복할 것 같다는 생각도 했다.

하지만 콘텐츠를 만들면 만들수록 한계를 명확하게 느낄 수밖에 없었다. 부모나 아이의 마음과 행동에 대해 전달하고 싶은 내용을 쉽고 재미있게 제시할 수는 있지만, 부모 각각이 고민하고 있는 고민에 대해 다루어주기는 어려웠고, 육아에 이미 지친 부모들에게 단순히 읽고 소비되는 콘텐츠는 지속적인 영향을 주기엔 무리가 있었다. 프로그램으로 진행하는 것은 그보다는 만족스러웠지만, 이 또한 백화점 문화센터 같은 플랫폼에 기대어 움직여야 했기에 지속적으로 고객과 연결되기 어려웠다. 무엇보다 수도권을 제외하고 정말 자원이 닿기 어려운 지방이나 해외 거주 부모에게는 닿을 수 없다는 것도 나를 아쉽게 했다.

결국 온라인으로 전문가와 연결되어 육아에 대해 분석 받고 고민을 상담 받을 수 있는 회사를 운영하고 있지만, 여전히 생각했던 정답에 가까운 것은 아니다. 아직은 기존의 부모교육과 상담의 형태가 익숙한 부모들을 위해, 온라인을 활용하되 수도권을 중심으로 다양한 자체 프로그램과 거점지역 백화점 문화센터를 활용하여 오프라인 접점을 만들고 있다. 또한 접근하기 쉽고 비용은 부담 없는 온라인의 장점을 최대한 활용하면서도 신뢰가 가는 육아분석과 상담이 제공될 수 있도록 데이터를 잘 활용하며 전문가들을 확보해야 한다는 숙제도 안고 있다.

부모와 아이를 보는 '데이터'에 집중하다

그로잉맘이라는 이름으로 400여 개의 온라인 콘텐츠를 만들고, 매일 수십 명씩 부모들을 직접 만나 강의를 하고 프로그램을 진행하면서 전문가가 일방적으로 제공하는 정보는 한계가 있다는 것을 느꼈다. 분명 부모와 아이에 대한 일반적인 고민들이 있고, 제안할 수 있는 답변들 또한 있지만 그건 일반적인 이야기지, '그 아이'에 대한 것은 아니기 때문이다. 결국 육아에 대한 고민을 하고 있는 부모들이 우리에게 보여주는 정보가 있어야 전문가도 보다 정확하게 아이에게 맞는 답변을 해줄 수 있었다. 그러한 의미에서 초기부터 최근까지 부모가 자신과 아이에 대한 데이터를 제공하도록 하고 거기에 맞추어 오프라인 프로그램을 제공했던 것은 매우 유용했다.

부모와 아이가 놀이하면 상호작용을 한 영상, 부모와 아이의 성향, 부모의 양육스트레스와 효능감 정도, 아이의 대략적인 발달 정보는 부모와 아이가 각각 어떤 특성을 가지고 있는지와 어떻게 상호작용하고 있는지에 대한 대략의 정보를 제공하기에 프로그램을 훨씬 더 풍성하게 만들었으며, 객관적으로 나타나는 데이터를 토대로 하기에 부모

● 지속적으로 신뢰있는 서비스 개발에 힘쓰고 있다.

가 느끼는 신뢰감과 만족도도 높일 수 있었다. 초반엔 데이터를 얻고 분석하여 다시 제시하는 일이 번거롭고 어려운 과정이었지만 데이터와 경험이 쌓이면서 고객인 부모의 육아고충을 해결하는 데 있어 가장 핵심적으로 필요한 정보들이 추려지기 시작했다. 또한 부모가 제시하는 데이터와 육아고민이 연결되면서 부모가 가진 라이프스타일이나 성격 특성, 아이의 특성과 만났을 때 예상되는 어려움 등을 예측할 수 있게 되었다. 사실 기존의 오프라인 심리상담센터에서는 이미 이보다 훨씬 다양하게 심리검사를 하고 이 결과를 토대로 상담이나 치료를 제공하고 있지만, 보다 가벼운 수준의 육아고민으로 전문가에게 묻기 원하는 부모들이 접근할 수 있게 문턱을 낮추는 일이 필요했고, 그 일이 우리 그로잉맘이 하고 싶은 일이었다.

드디어 온라인으로 육아상담을 제공하다!

그로잉맘을 이끈 지 2년이 되어간다. 시작에 불과하지만 그 짧은 기간에도 잘되는 일보다는 안 되는 일이 훨씬 많았다. 초반에는 제안서나 지원서를 써서 프로젝트를 따고, 지원금을 받아야 버틸 수 있었는데 이마저도 늘 떨어지기 일쑤였다. 창업 초기엔 시제품을 만드는 500만 원짜리 사업을 따내기도 하고, 스타트업 관련 지원 프로그램으로 1,000만 원을 받는 등 꽤 승승장구하는 듯했다. 당장 온라인 기획에서 가장 주요한 기능만이라도 개발하여 시장에서 팔아보고 피드백을 받는 것이 중요했기에 어렵사리 마련한 돈으로 외부 개발자에게 의뢰했다. 하지만 초반의 승승장구와는 달리 막상 개발에 대한 잔금을 지불

해야 하는 시점에서 지원하는 사업마다 계속 떨어지고 말았다. 나와 부대표가 받는 월급은 애초에 포기했다 쳐도, 매달 회사 운영에 필요한 최소한의 비용과 개발을 위해 지불해야 하는 돈이 있는데 통장이 비어가니 너무 초조했다. 낮에는 여전히 프로그램을 돌리며 검증하고 오후부터는 아이를 키우고, 다시 밤이 되면 책상에 앉아 밤잠 포기하며 제안서를 쓰는 날들이 꽤 오래 지속되었다.

게다가 과거 직장 생활할 때보다 수입이 많은 것도 아니었다. 수익이 나는 족족 온라인 개발에 투자하다 보니 부대표와 나는 마음 편히 월급 챙겨갈 상황이 아니었다. 가족들에게도 미안했고, 때로는 숨이 턱까지 차오르는 느낌에 많이 울기도 했다. 둘째를 임신한 상태에서도 너무나 열심히 함께 해준 부대표에게 늘 미안한 마음이었다. 특히 회사를 창업한지 1년을 꽉 채우던 그 해 봄은, 온라인 베타서비스를 늦봄에 오픈하기 위해 마지막 총력을 다하고 있던 때이지만 동시에 '회사를 접어야 하나'라는 고민을 가장 심각하게 했던 위기의 시기이기도 했다. 하지만 신기하게도 '정말 더 이상 방법이 없는 걸까?' 하는 지점에 이를 때마다 살아날 방법이 생겼다. 언더독스의 GS SHOP 프로그램, 스마트벤처캠퍼스와 H-온드림, 스타트업 NEST 등에 잇달아 선정되면서 개발에 필요했던 자금을 맞출 수 있었고, 애정을 가지고 지원해주시는 많은 멘토들의 도움 또한 받을 수 있었다. 자꾸 살아날 길이 생기니 '이제와서 그만 둘 수 없다'는 강력한 의지가 발동했고 드디어 구글 스타트업 캠퍼스를 통해 창업에 발을 들인지 2년, 정식으로 창업한지 거의 1년 만인 2018년 6월, 온라인으로 제공하는 육아상담

베타서비스 크라우드 펀딩 판매를 열 수 있었다.

'그로잉 박스'라는 이름을 붙인 온라인 육아상담 서비스는 처음 구상과 거의 유사한 시스템을 갖추어 만들었다. 부모들이 일반적인 육아 정보가 아닌 '내 아이'에 대한 정보를 궁금해한다는 점, 수시로 밀려드는 육아고민을 전문가에게 질문하고 싶어 한다는 점을 핵심으로 잡고, 개인 상담과 유사한 효과를 얻을 수 있도록 구현하는 데 심혈을 기울였다.

오프라인 프로그램을 하면서 쌓인 부모의 성향과 양육 패턴, 문제점, 고민 유형 등을 기초 데이터로 삼고 여기에 부모가 체크한 데이터와 업로드한 놀이영상에서 분석된 총 22개의 데이터를 토대로 상담사와 부모의 연결고리를 만들었다. 온라인이지만 육아 상담을 요청한 부모와 아이에게 보다 정확한 접근을 할 수 있는 핵심정보를 확보한 것이다. 사실 우리가 만나왔던 부모들의 고충을 반영했다고 자부했지만 정작 힘들게 만든 후 외면받을까 두려웠는데, 크라우드펀딩으로 1,700만 원어치 선판매가 이뤄졌다. 생소한 서비스이고, 놀이영상을 업로드해야 한다는 부담감이 있으며 단방에 구입하기엔 액세서리처럼 가벼운 가격이 아님을 생각하면 꽤 괜찮은 시작이었다.

이후 베타서비스를 구입 후 이용한 200여 명의 고객들과 일일이 통화하며 다양한 의견을 들을 수 있었다. 현재 제공되는 베타서비스에서 당장 개선되어야 할 크고 작은 불편함들을 보완하였으며, 의견을 수렴하여 다소 무겁게 느껴지는 놀이영상 뿐만 아니라 부모와 아이의 기질특성을 기반으로 한 또 다른 육아분석상품을 개발 중에 있으며 곧

● sopoong 마지막날 열렸던 데모데이

● 육아코칭앱을 기획하다.

오픈을 앞두고 있다. 그리고 이 과정에서 서비스를 고도화하며, 안정적인 운영을 해나가기 위해 엑셀레이팅 및 투자 유치를 위해 여러 차례 도전했는데, 마침내 sopoong이라는 소셜벤처 투자사의 씨드투자를 받게 되었다. 서비스를 운영하며 더 체계를 갖추어 비즈니스를 탄탄하게 다지고 확장하고 싶다는 목표가 생겼기에 투자를 받고 싶다 생각한 것도 있지만, 무엇보다도 베타서비스를 운영하기 위해 고용했던 직원 선생님들의 변화가 가장 강력한 동기부여가 되었다. 상담을 공부했고 전문영역에서 오래 경력을 쌓았지만 임신출산과 육아로 경력이 단절되었다가, 우리와 함께 일하며 얼굴에 생기가 돌기 시작한 직원 선생님들을 보며, 회사를 성장시키고 싶다는 의지가 더욱 커졌다. 그리고 이렇게 나도 엄마로서 대표로서, '그로잉' 하고 있는 듯하다.

육아상담 플랫폼, 전문가와 부모를 잇다

처음에는 창업이라는 단어가 나와 상관없다고 생각했었다. 그런데 내 생각을 정리하기 위해 작성했던 글이 모여 콘텐츠가 되었고, 그 콘텐츠가 모여 영향력이 되고, 온라인 상담이라는 서비스를 만들게 되었다. 불과 이 모든 일이 3-4년 동안 일어났다는 것이 믿을 수 없을 만큼, 많은 변화의 시간이었다. 그로잉맘이라는 회사가 나아가는 행보에 관심을 가져주시는 많은 분들이, 앞으로 그로잉맘을 어떻게 하고 싶은지, 어떤 계획을 가지고 있는지 묻곤 하신다. 처음에는 내가 무엇을 잘할 수 있을지, 그리고 수많은 전문가와 정보가 넘치는 이 영역에서 그로잉맘 만이 제대로 할 수 있는 일이 무엇일지 찾지 못해서 방황하기도 했었다. 하지만 전문가들과 부모를 연결하고 부모의 삶이 부모가 아닌 '나'로서도 풍성해지도록 많은 자원을 연계하는 과정에서 그로잉맘이 '커넥터connector'가 되길 소망하게 되었다. 전문성과 함께 부모로서의 경험도 풍성하게 갖고 있지만 육아라는 터널을 지나가며 경력이 단절된 전문가들에게 다시 일할 수 있는 필드를 열어주는 것, 그리고 누군가의 도움과 지원이 너무나 간절한 부모가 좀 더 쉽게 전문가와 연결되게 하는 것. 그 연결을 돕는 데이터를 더욱 정확하게 분석하고 공유되게 하는것. 그것이 그로잉맘이 가장 잘 할 수 있는 일이자 우리가 가장 하고 싶은 일이다.

육아가 경력이 되는 회사, 그로잉맘

'시간을 얻기에는 일을 너무 많이 했고, 돈을 벌기에는 일을 충분히 하지 않았다. 그 결과 이제 나는 시간도 돈도 갖고 있지 않았다.'

폴 오스터의 《빵 굽는 타자기》에 나오는 말이다. 한창 엄마 손이 필요한 아이를 떼어놓고 일을 시작하면서 두 마리 토끼를 잡기는커녕 두 마리를 다 놓치는 결과를 초래하지는 않을까 조마조마했다. 남들은 아이 생기면 다니던 회사도 그만두는데 나는 왜 아이 낳고 나서 기를 쓰고 일하려고 하나? 나는 나쁜 엄마인가?

아이를 사랑하는 마음만큼은 무엇과도 견줄 수 없다. 하지만 일을 하지 않으면 내 인생을 사랑할 자신이 없다. 내 인생을 사랑하지 않으면서 인생의 일부인 아이를 사랑하는 건 불가능한 일이다. 아이도, 일도 지키기 위해 그로잉맘을 선택했고, 이곳을 엄마들이 일하기 좋은 회사로 만드는 것이 나의 목표다.

새로운 기업문화를 만들다

현재 그로잉맘은 나를 포함해 상담전문가 및 개발자, 디자이너 등 여섯 명의 엄마가 일하고 있고 파트타임으로 육아상담을 제공하는 네 명의 전문가가 더 있다. 사실 처음부터 채용할 때 '엄마'를 고집할 생각은 없었다. 다만 오랜 시간 경력이 단절된 엄마도 지원할 수 있는 여지를 주고 싶었다. 적어도 부모의 마음을 다루는 우리 회사에서는 육아의 경험도 중요한 경력이 될 수 있기 때문이었다. 다양한 분들을 만났고 함께 일을 해봤지만 역시 부모에게 가장 필요한 것을 알고 잘 공감할 수 있는 사람은 엄마였다. 그래서 하나둘 엄마 직원들을 채용하다 보니 모두가 엄마인 회사가 되었다. 앞으로는 직무에 따라 엄마가 아닌 다른 사람들도 함께 일하게 되겠지만, 적어도 엄마이기 때문에 마이너스가 되지 않는 회사의 문화를 지켜가고 싶다. 어찌되었건, 우리 회사에서 함께 일하는 모든 직원은 모두 길고 짧은 경력단절을 경험하였고 여전히 육아와 일을 모두 손에 쥐고 밤낮없이 분주하게 살고 있다. 하지만 다시 일할 수 있어서 너무 행복하고, 내가 번 돈으로 오랜 만에 목걸이를 사서 너무 뿌듯하다는 이야기에 그로잉맘이 살아남아야 하는 이유를 날마다 확인한다.

우리 회사의 문화는 여러 면에서 다른 회사들과 많이 다르다. 우선 우리는 아침 10시쯤에 출근하며 오후 3~4시쯤에는 탄력적으로 퇴근한다. 아이들의 하원 때문이다. 그리고 저녁 시간이 마무리된 후 밤 시간에 다시 재택근무로 못 다한 업무를 하며 필요하다면 온라인으로 회의도 진행한다. 그런 식으로 회사가 잘 운영이 되는지 의아할 수 있겠지만 언제 어디에서나 탄력적으로 근무할 수 있도록 온라인으로 소통하며 업무할 수 있는 체계를 만드는 데 가장 많은 신경을 쓰고 있어 가능하다. 방학기간에는 모여서 근무하는 것을 최대한 줄이고 재택근무나 원격근무의 비중을 높이며, 필요 시 아이와 함께 출근하는 것도 가능하다. 물론 아이와 함께 출근할 수 있는 것은 이러한 문화를 존중하는 헤이그라운드라는 소셜벤처 코워킹 스페이스에 입주해 있어서 더욱 가능한 일이기도 하다.

부모친화적인 기업문화를 만들어가는 것은 우리의 비즈니스가 살아남는 것만큼이나 의미있는 일인 듯하다. 기존과 다른 회사 운영 방식과 기업문화를 세상에 보여주면서 수익을 창출하고 끝까지 살아남는 것, 그것을 보여주는 것이 우리 그로잉맘이 이루어야 하는 중요한 목표일 것이다.

그로잉맘 ● 이다랑

● 에티오피아에서 함께 했던 100명의 엄마들

● 그로잉맘은 부모친화적인 기업문화를 지향한다.

> ## 거창하지 않더라도
> ## 일단 시작하고 반복하자

개인적으로 참 좋아하는 그림책 작가 에르베 튈레의 책을 보면 다양한 색깔의 점들이 나온다. 첫 페이지에 찍힌 노란색 점 한 개가 페이지를 넘기면서 색깔이 바뀌고 많아지고 적어지며 역동적으로 움직이는 흥미로운 책이다.

그 그림책 작가의 전시회 오프닝을 갔다가 직접 들었던 이야기가 마음에 남는다. 전 세계적으로 사랑받는 그림책을 정말 많이 만들었는데, 가장 애정이 가는 작품이 무엇이냐고 묻는 질문에, 작가는 노란 점 하나가 찍힌 그림을 가리키며 말했다. 붓에 남아 있는 물감으로 우연히 찍게 된 점 하나였지만 저 점을 찍었기에 옆에 점 하나를 더 찍어볼 수 있었고, 색깔을 바꿔볼까? 접어보면 어떨까? 여러 시도를 거듭한 끝에 지금의 많은 시리즈 책이 나올 수 있었다고 말이다. 나에게, 그리고 그로잉맘에게 그 첫 점은, 처음으로 글을 써서 올렸던 순간인 것 같다. 그 점 하나가 이어져 다시 내 명함을 만들어주었고, 누군가의 단절을 이어주는 비즈니스로 이어졌다.

도전은 거창한 것이 아니어도 괜찮다. 단지 '육아 말고 뭐라도 좀 해보고 싶다'라는 생각이 들 때 당장 해낼 수 있는 무언가를 시작하는 것이 중요하다. 무언가를 시작하는 것도 꾸준히 하는 것도 연습이 필요하고, 내가 해냈음을 확인하는 작업이 필요하기 때문이다. 우리는 어쩌면 꼭 마침표를 제대로 찍어야 한다는 막연한 부담감 때문에, 아이에게 줄 수 있는 시간을 쪼개어 시작한 일이니 반드시 그만한 가치가 있어야 한다는 압박감 때문에 자꾸만 시작하는 것을 망설이고 두려워하는지도 모른다. 꼭 그림을 완성하지 않아도 좋으니, 지금 당장 가볍게 찍을 수 있는 것을 찾아 첫 점을 찍어보는 것은 어떨까?

그로잉맘 ● 이다랑

일상에서 나만의 콘텐츠 건져 올리기

1. 콘텐츠가 아닌, 나의 이야기를 기록하는 것으로 시작하자.

콘텐츠를 만들겠다는 거대한 목표가 부담스럽다면 나의 이야기를 기록하는 것으로 시작해보는 것도 좋다. 반복되는 일상에서 특별히 기록할 만한 것이 있을까 싶지만 막상 무언가를 기록하기로 마음먹고 나면, 똑같은 일상에서도 발견할 수 있는 이야기가 많아진다. 육아를 하기 전 소소하게 했던 바느질이나 그림그리기 등의 취미가 다시 떠오를 수도 있고, 의미를 가지고 기록하다보면 평범하다고 생각했던 이유식 만들기, 아이와의 놀이 등도 새롭게 느껴질 수 있다. 무엇보다 당장은 완성도 높은 콘텐츠로 만들어지지 않는다 해도, 눈에 보이게 매일 기록물이 쌓이는 것은 반복되는 육아로 지친 일상에 성취감을 느끼게 하기에 그 자체로도 의미가 있다.

2. 내가 가장 잘할 수 있는 이야기를 찾자.

초반에는 어떤 것이든 만들어보는 것으로 만족했다면, 그다음은 '집중'이다. 계속 이것저것 올리다 보면 SNS계정이나 블로그의 정체성이 모호해지고 전체적으로 콘텐츠가 가벼워질 수 있다. 여러 주제나 방법을 시도해보는 것은 좋지만, 내가 가장 잘할 수 있는 이야기를 찾기 위한 과정이어야 함을 기억해야한다. 그로잉맘의 계정 역시 초반에는 에세이도 올라가고, 육아서, 그림책, 아이와의 미술놀이, 나들이하기 좋은 곳, 물건 리뷰 등 써볼 수 있는 모든 것을 다 올렸다. 그렇게 꾸준히 올리다보니 점점 자주 하고 싶어지고 잘 할 수 있는 몇 개의 이야기가 보이기 시작했고, 보다 집중하여 올리기 시작한 이야기들은 '그로잉맘' 하면 떠올려지는 콘셉으로 이어지게 되었다.

3. 육아 아닌 나의 시간을 꼭 확보하고 꾸준히 올리자.

그로잉맘 SNS계정과 블로그 역시 누군가에게 그 콘텐츠가 읽히기까지 오랜 시간이 걸렸다. 누군가가 읽고 댓글도 달아줘야 흥이 나는데, 반응도 크게 없는 콘텐츠를 꾸준히 만들어 올리기란 쉽지 않았고, 밤낮없이 어린 아기를 돌보다 보면 나를 위한 시간 10분도 만들기 어려워 아이를 재우다 쓰러져 잠들기 일쑤였다. 하지만 콘텐츠를 만들기 위해 시간을 확보한다는 것은 콘텐츠를 꼭 만들겠다는 목적 이상으로 육아 자체에 활력을 불어넣어주었다. 무언가를 생산하기 위해 육아 아닌 뭐라도 해볼 수 있는 시간과 공간을 가능한 확보하는 것은 매우 중요하다.

4. 다른 사람의 콘텐츠와 댓글을 많이 읽자.

콘텐츠를 만들 때 아이디어를 어디서 많이 얻느냐는 질문을 종종 받곤 한다. 보통 나는 콘텐츠를 만들기 위해 쓰는 시간보다는 평소에 다른 사람들의 일상에서 자료를 얻는 것에 더 많은 시간을 쓰는 편이다. SNS에서 육아맘/대디들을 팔로잉해서 그들의 일상과 그 속에 담긴 생각을 수시로 살피고, 내 콘텐츠나 다른 사람의 콘텐츠에 남겨진 댓글을 잘 읽어보곤 한다. 당장 콘텐츠를 만드는 것이 부담스럽다면? 또는 아이디어가 잘 떠오르지 않는다면? 다른 사람의 삶에 관심을 가져보자!

5. 육아가 아닌 다른 분야를 보자.

육아를 하는 일상에만 몰두하면 한두 가지의 관점에 갇히게 되고, 새로운 아이디어도 잘 떠오르지 않는다. 그래서 내가 주로 쓰고자 하는 이야기가 '육아'라고 하더라도, 다양한 분야에 관심을 가지고 자료를 수집하기를 권하고 싶다. 그로잉맘의 기질블럭 역시, 아이의 기질에 대한 육아법은 누구나 할 수 있는 이야기지만 레고블럭과 관련된 마케팅 책을 읽으면서 보다 쉽게 설명할 수 있는 아이디어를 얻게 되었다. 육아와 전혀 상관없어 보이는 책, 영화, 사람들의 이야기를 내가 현재 하고 싶은 이야기와 엮어가며 관심을 두다보면, 남들이 미처 생각하지 못한 또 다른 관점의 이야기가 새롭게 만들어질 수 있다.

6. 채널의 특성을 잘 알아보자.

같은 콘텐츠라 하더라도 어떤 채널에 올렸는지에 따라 반응이 전혀 다를 수 있다. 또한 다양한 채널의 특성을 이해하면 하나의 콘텐츠를 조금씩 바꾸어 여러 곳에 올릴 수 있기에 확산하는 데 있어 유리하다.
요즘 많이 하고 있는 사진, 영상 기반의 SNS 경우, 블로그에 올린 것보다는 글 길이를 줄일 필요가 있고, 시선을 잡을 수 있는 이미지에 보다 신경을 쓰는 편이 좋으며 적절한 해시태그를 잘 다는 것도 중요하다. 콘텐츠를 원하는 만큼 길게 올릴 수 없지만 대신 상호소통을 하며 나의 콘텐츠를 읽는 사람들과 가깝게 소통하기엔 유리하다. 반면 블로그는 매거진 같은 형태로 편집하여 이미지와 글, 영상 등을 활용해 충분히 메시지를 전달하기에 좋다. 이 외에도 영상이나 음성 콘텐츠를 올릴 수 있는 플랫폼도 점점 사용자가 많아지고 있다.

그로잉맘의 경우 블로그에는 콘텐츠를 글로 풀어 올리고 이 글을 이미지와 함께 축약하여 SNS 계정에 올리고 있다. 또한 영상과 음성으로 제작한 것은 영상관련 플랫폼과 팟캐스트에 올리고 이를 축약한 것을 다시 SNS 계정에 함께 올려 유입을 하는 편이다. 다양한 플랫폼 채널의 특성은 책을 통해서도 배울 수 있지만, 무엇보다도 직접 콘텐츠를 올려보고 유입 등을 확인하며 경험해보는 것이 제일 좋다. 각 채널을 잘 활용하고 있는 인플루언서들의 계정을 살펴보는 것도 도움이 된다.

지속 가능한 1인 창업을 만드는 핵심 파워 네 가지

추천의 글

홍순성 홍스랩 대표
《나는 1인 기업가다》 저자

1인 창업, '도전'은 쉽다. 그러나 그 도전이 빛나기 위해서는 치열한 생존 경쟁에서 살아남아야 한다. 호기롭게 출사표를 던진 창업가 중 한두 해를 버티지 못하고 포기하는 경우를 많이 봤다. 13년 동안 지속적으로 성장하는 '홍순성'을 돌아보았다. 과연 무엇이 나를 지탱해주었으며, 또한 다른 1인 창업가들은 어떤 경쟁력으로 생존했는지 살펴보았다. 역시 각자의 방식에 맞는 생존 방식이 있었지만, 이들 모두가 아래 네 가지 조건을 갖추고 있었다.

첫째, 직업에 갖는 만족감과 가치다.

자기 일에 만족하고 그 일에 높은 가치를 느끼는 것이다. 가치는 돈보다 우선되어야 한다. 자신의 일에 가치가 공고하지 않으면 그 일을 지속할 이유가 없으니 쉽게 무너지게 된다. 개인에게는 어떤 일이 가치 있을까? 나는 80세가 되어도 지속할 수 있을 뿐 아니라 오히려 세월이 흐를수록 가치가 높아지는 직업을 선택했는데, 그것이 바로 작가와 강사 생활이다. 어느 한 분야로 고정되기보다 다양한 작품을 집필해야 하기에 변화에 대한 적응도 가능해야 했다. 이것은 13년을 유지해오는 동안 변하지 않은 특성이다. 나는 지속적으로 성장하고 변화하는 중이다.

일에 만족도가 높다면 행복이 따르기 마련이고, 일에서 얻는 행복감은 하는 일에 최선을 다할 수 있는 힘이 된다. 이런 사람은 당연히 목표를 장기적으로 세우고 발전한다.

둘째, 꾸준한 수익이다.

수익 발생은 생존에 가장 중요하다. 어느 기간까지는 준비한 자금으로 버틸 수 있으나 그 자금이 떨어질 때까지 수익이 발생하지 않는다면 기업을 지속하기 어렵다. 수익이 충분하지 않으면 성장 속도도 더디다. 수익은 언제나 뒷받침되어야 하고, 그래야만 그에 어울리는 전문성을 구축할 수 있다. 수익이 떨어지면 마음이 급해져 재투자를 못 하고 전문성도 점점 떨어지는 악순환이 시작된다.

셋째, 철저한 자기관리다.

1인 창업가는 뭐든 스스로 결정하고 실행한다. 직장을 다닐 때보다 더 바쁠 수도 있고 아무것도 안 할 수도 있다. 이 모든 것은 자기관리에 달렸다. 자기 일의 가치를 높이며 일하지만 사람들과 관계 맺는 능력이 떨어져 어려움을 겪거나 게으름을 피운다면 성장은 멈출 수밖에 없다. 업무능력이 높더라도 자기관리 능력이 떨어지면 자연스럽게 고객과의 신뢰 관계도 하락한다. 이것은 어렵게 쌓은 능력을 한순간에 잃게 만드는 위기로 이어진다.

넷째, 건강관리다.

직업을 안정적으로 유지하기 위해 중요한 것 중 으뜸은 바로 건강이다. 건강을 잃는다면 직업도 수익도 모두 잃게 된다. 건강 역시 꾸준한 자기관리가 필요하다. 건강을 위해 반드시 스트레스를 잘 관리해야 한다. 직장을 다닐 때는 업무로 생기는 스트레스를 동료들과 풀 수 있다. 그러나 1인 기업가는 그럴 기회가 없다. 스트레스는 풀지 못하면 더 커지기 마련이다. 지속 가능한 1인 창업가가 되기 위해서는 스트레스 관리는 물론 건강관리에 만전을 기해야 한다.

이 책에서 역시 엄마 창업가가 이 네 가지 조건을 갖추며 성장해가고 있었다. 육아는 물론이고 좋아하는 일로 돈도 벌고 꿈도 꾸는 삶을 만들 수 있는 게 엄마 창업가다. 이제는 조직에 매이지 않고 개인의 라이프스타일과 개성이 존중되는 방식으로 일과 삶을 디자인 해나가길 바란다.

누군가에겐 소박하게 보일지라도, 타인에게 자신의 인생과 시간을 맡기지 않고 나를 행복하게 하는 나만의 방식으로 주도적인 삶을 살아가는 엄마 창업가에게 박수를 보낸다.

자본금 0원,
소셜 펀딩으로 희망을 쏘다

창업가는
현재 자신이
가지고 있거나

주어진 자원과
상관없이 기회를
추구하는 사람이다

오프라 윈프리

원혜성
천연 화장품 율립(YULIP) 대표

크라우드펀딩
두 번 연속 성공을
발판으로 삼다

어릴 때부터 화장품에 관심이 많고 유난히 좋아했다.
대학 여름방학 때 화장품 브랜드 비오템의 PR 어시스턴트로 화장품 관련
업무에 첫발을 들였다. 대학 졸업 후 잡지사 뷰티 에디터로 일하다
폐간되는 바람에 퇴사했다. 이후 입사와 퇴사를 반복하다 창업에 도전했다.
많고 많은 화장품 가운데 '유해성분 없는 립스틱'부터 세상에 내놓겠다고 작정한 건
립스틱 하나 맘 편히 못 바르던 예민한 내 피부를 위해서였고
벌써부터 화장품에 관심을 보이는 소중한 내 딸을 위해서였다.
립스틱 바른 입술로 내 딸과 마음껏 뽀뽀를 나눠도 안심할 수 있는 제품을 만드는
것이 첫 번째 목표였다. 그렇게 텀블벅에 프로젝트를 올렸고 성공했다.
아직은 시작에 불과하다.
갈 길이 멀지만 지금처럼 진정성 있게 한다면 잘 해낼 수 있으리라 믿는다.

안 하는 것보다는
뭐든 하는 편이 낫다

"언니, 봤어요? 500만 원 넘은 거?"

수화기 너머 후배는 잔뜩 흥분한 목소리였다. 불과 3일 만에 목표금액 달성, 얼떨떨하면서도 신기했다. 사흘 전 '립스틱을 다시, 생각하다'라는 프로젝트로 텀블벅에 올린 크라우드펀딩^{온라인 플랫폼을 통해 대중으로부터 자금을 모으는 방식}이 성공했다는 소식이었다. 아, 이렇게 내가 창업이란 걸하게 되는 건가….

유해성분 없는 립스틱을 세상에 내놓겠다는 일념으로 두려움에 떨며 시작한 도전이었다. 펀딩에 성공하면 율립^{YULIP} 대표가 될 기회를 얻지만 그렇지 않을 경우 다시 희망 없는 일상으로 돌아가야 하는, 내인생의 이정표 같은 도전이었다. 그리고 프로젝트 기간인 한 달이 지났을 때 모두 412명의 후원자들로부터 17,547,000원이 모인 것으로 집계됐다. 목표 금액의 무려 350% 달성이었다.

누구에게나 한 번은 기회가 온다

결혼을 하고 임신을 하던 서른여섯 살 무렵까지 내 삶은 비슷한 패턴으로 반복됐다. 빙판에 맨발로 혼자 서 있는 기분이었다. 인생이 사다리타기 게임과 비슷하다면 하필 가장 운수 나쁜 번호를 뽑아든 것만 같았다.

전공과는 상관없이 어릴 때부터 유난히 좋아하고 관심이 많던 화장품에 어떻게 하면 가까이 갈 수 있을까 궁리하다가 여름방학 때 화장품 브랜드 비오템의 PR 어시스턴트로 화장품 관련 업무에 첫발을 들였다.

각 매체에서 뷰티 에디터에게 보낼 촬영용 제품을 포장하고 잡지 화보와 관련 기사를 스크랩하고 인터넷 게시판 고객 글에 댓글도 달고 고객 체험행사도 돕는 등 홍보 담당자의 온갖 허드렛일을 보조하는 아르바이트였다. 태어나서 그렇게 많은 잡지를 본 게 처음이었는데 아무리 봐도 질리기는커녕 정신없이 빠져들곤 했다. 잡지가 지닌 매력에 빠져 이게 내 일이구나 싶었다. 내가 사랑하는 화장품을 가장 멋지게 보여줄 수 있는 일을 직업으로 가지면 내 인생도 행복해질 줄 알았다. 대학 4학년 여름방학 때 한 잡지사에 입사해 그토록 선망하던 뷰티 에디터가 됐다. 피부가 얇고 예민해 온갖 브랜드에서 보내오는 화장품들이 그림의 떡이나 다름없었지만 내 아이디어와 노력으로 멋진 화보가

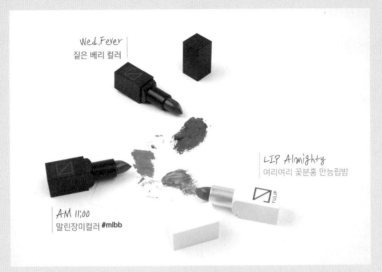

● 첫 텀블벅 프로젝트 '에브리데이'에 활용된 이미지

● 후배들 대상으로 모교에서 강의를 마친 후

탄생할 때마다 그처럼 근사한 일을 해내는 스스로가 자랑스러웠다.

그러나 잡지사 사정이 나빠지면서 폐간을 몇 달 앞두고 퇴사를 했다. 이후 취직하기 위해 이력서를 낸 곳만 해도 200군데가 넘었다. 간신히 잡지사나 일반회사 홍보팀에 취직해도 짧으면 몇 달, 길어도 1년을 못 넘기고 폐간하거나 사정이 어려워져 내 발로 나와야 했다. 그쯤되자 내가 운 나쁜 회사를 만나는 것이 아니라 나 때문에 회사 운이 나빠지는 건 아닌가 하는 생각마저 들었다.

하는 수 없이 잡지사 프리랜서로 일을 시작했다. 일도 불확실하지만 제때 돈이 들어오는 법이 없었다. 하나같이 사정이 어렵다며 한두 달씩 결제를 미루는 일이 예사였다. 아침 9시만 되면 어김없이 걸려오는 카드회사 독촉전화가 가장 끔찍했다. 하루하루 최선을 다해 사는데도 단 하루도 편할 날이 없었다.

진흙탕 같던 20대를 보내며 지칠 대로 지친 상태였다. 잡지는 쳐다보기도 싫고 화장품도 넌덜머리가 났다. 걸핏하면 망하고 잘리는 회사에 두 번 다시 다니고 싶지 않았다.

2015년 8월 딸 율희를 낳고 다음 해부터 다시 습관처럼 면접을 보러 다니던 어느 날, 친구가 "너 하고 싶은 사업 아이템 있었잖아?" 하며 구글 스타트업 캠퍼스 지원서를 내밀었다. 구글 스타트업 캠퍼스에서 운영하는 '엄마를 위한 캠퍼스'였다. 뭔지는 몰랐지만 뭐든 해보자는 심정으로 지원서를 넣었다. '내 복에 꽤나 되겠다' 하며 시큰둥한 기분으로 지원했는데 웬일일까, 합격 통보를 받았다.

결국
내 안에 답이 있다

8

오랫동안 실패와 좌절로 점철된 시간을 보냈다. 내 인생에도 과연 볕들 날이 올까 했는데, 구글 스타트업 캠퍼스에 다니면서 조금씩 볕이 드는 듯했다. 새로운 도전을 앞두고 가슴이 설레었다.

그때 제출한 사업 아이템은 노령층이 SNS에 쉽게 사진을 올릴 수 있도록 돕는 앱 개발이었다. 지금 생각하면 얼굴이 화끈거리는 아이템이다. 잘 알지도 못하는 분야에 용감하게 뛰어든 거였다. 다시 아이템을 바꿔보았다. 피보팅Pivoting, 사업 아이템을 바꿔 시장성을 검증하는 단계을 거쳐 노인 알바천국을 시도해보았다. 오프라인에 흩어져 있는 노인 일자리 정보를 취합해 온라인으로 서비스하는 아이템이었는데 강사진의 반응이 꽤 긍정적이었다. 당장 벼룩시장, 교차로 같은 생활정보지를 모아다가 입력하는 작업부터 시작했다. 정보의 양이 곧 돈이 되는 사업이었으므로 미친 듯 입력했다. 그러나 얼마 못가 나가떨어지고 말았다. 혼자 할 수 있는 일이 아니었고 무엇보다 지루하기 이를 데 없었다.

나를 알기 위해 애쓴 지난날

임신 초기 직장을 그만두고 다음 일을 치열하게 고민할 때 네트워크 마케팅을 공부한 적이 있다. 아이 낳고 일반 직장생활은 도저히 어려울 것 같아 시작한 공부였다. 가정에서 수입을 얻을 수 있는 구조라고 생각했다. 눈뜨면 집에서 나갔고, 사람들을 만나고 다녔다. 집이 용인인데 서울 시내 안 다닌 곳이 없었다. 그것도 운전이 아닌 걷거나 지하철을 타면서 말이다. 그래서인지 임신 중이었음에도 살이 찌지 않았다. 너무 무리해서 지하철에서 쓰러질 뻔도 했지만 멈추지 않았다.

네트워크 마케팅 공부를 1년간 하면서 괜찮은 시스템이고 긍정적으로 평가하는 사람들이 많았지만, 결국 하지 않기로 했다. 내 적성이나 성향과 맞지 않다는 것을 그제야 발견했다. 그 일을 해보기 전에는 '내'가 누구인지, 적성과 성향은 어떠한지 깊이 고민해본 적이 없었기에 1년의 시간이 아깝지 않았다. 임신 기간은 나에게 재충전과 함께 처음으로 주어진 '나를 되돌아보는 시기'였다. 적성검사도 받아보면서 내가 잘하는 것이 무엇인지, 정말 하고 싶은 것이 무엇인지 찾아보았다. 내가 가장 약한 부분은 영업 능력이었다.

출산 후 이 부분을 보완하기 위해 애썼다. 내 전문 분야가 화장품이었으니 일단 '화장품 방판'을 해보기로 했다. 선배 언니 소개로 써본

제품이 너무 좋았고 제품이 딱 하나여서 크게 부담되지 않았다. 하지만 매사 쉬운 건 없다. 수익을 내려면 한두 개 팔아서는 안 되었다. 그래서 여자들이 많이 가는 동네 미용실, 마사지숍, 목욕탕을 뚫기로 했다. 문 앞에서 마음의 갈등이 이만저만이 아니었다. 문을 열고 들어가기까지 얼마나 힘이 들던지. 내가 이용하던 작은 동네 미용실부터 공략했다. 다행히 제품 포스터와 브로셔를 두는 것까지는 허락해주었다. 주문이 들어오면 연락을 주기로 했다. 그리고 대망의 목욕탕. 때밀이 수건에서 샴푸 샘플까지 다양한 상품이 구비되어 있는 목욕탕 안 매점은 아주머니들의 성지였다. 수다도 떨고 물건도 사고파는 장소였다. 매점 주인과 대화하는 데까지는 성공했다. 그러나 이내 다른 방판 아주머니가 들이닥쳤다.

6개월 정도 하다가 방판 영업을 접었다. 그러나 좋은 경험이었다. 소심하던 내가 누구에게든 스스럼없이 다가갈 수 있게 되었으니.

다양한 경험을 해보자고 마음을 열고 열심히 뛰어다니다 보니 아기 낳고 우울한 감정도 많이 사라졌고 다시금 생활에 활력을 되찾을 수 있었다. 이 모두가 나를 찾는 일련의 과정들이었다. 되돌아보면 쉽지만은 않았지만 남들 기준이 아니라 내 기준으로 세상을 바라보고 내가 진짜 원하는 것과 잘하는 것을 찾기 위해서 부단히 애썼던 시간들이다.

내가 좋아하는 것

여러 가지 경험을 통해 역시 내가 좋아하고 잘할 수 있는 일을 해야 한다는 결론을 내렸다. 그건 다름 아닌 화장품이었다. 한때는 화장품 시장은 내가 감히 넘볼 수 있는 곳이 아니라고 눈길조차 주지 않았는데 아무리 생각해도 화장품만큼 내 가슴을 뛰게 만드는 아이템이 없었다. 일반 화장품 시장은 이미 레드오션이므로 유기농 시장을 떠올렸다. 유기농 화장품은 내가 절실히 필요로 하는 아이템이기도 했다.

화장품을 좋아하면서도 화장품을 마음껏 쓰지 못하는 민감성 피부를 가졌다는 건 고문이나 다름없었다. 뷰티 에디터가 자기 얼굴에 화장품을 발라보지 못한다는 것은 요리사가 음식 맛을 못 보는 것처럼 괴로운 일이었다. 스킨케어는 그나마 민감한 피부를 고려한 제품들이 출시돼 있어 피부과에서 추천해주는 제품 중에서 선택하는 것으로 그럭저럭 해결할 수 있었다. 문제는 메이크업 제품이었다.

생리 때면 유독 심해지는 피부 트러블 때문에 피부과를 전전하다가 메이크업 탓일 수 있다는 진단을 받았다. 입 주변 피부가 특히 민감하다며 립스틱은 아예 쓰지도 말라고 했다. 립스틱은 빨아먹는 양도 많지만 입술 피부를 통해 흡수되는 양이 상당하고 잘 지워지지도 않아 몸에 계속 축적된다고도 했다.

화장의 화룡점정인 립스틱을 쓰지 말라니 평생 화장하지 말라는 말이냐며 절망하는 내게 피부과 선생님은 가루 블러셔를 물에 개어 발라보라고 했다. 구하기도 어려운 빨간색 블러셔를 간신히 찾아 입술에 발라봤으나 얼마나 금방 지워지던지 두 번 다시 바르고 싶지 않았다.

파운데이션, 아이섀도, 마스카라 같은 종류는 얼마든지 포기할 수 있다. 지금도 스킨케어와 선블록만 사용할 정도로 오래전부터 메이크업과는 인연을 끊고 산다. 하지만 립스틱만은 포기할 수 없다. 국내에서는 유기농 립스틱을 구하기 어려워 해외직구로 사보기도 했는데 우리나라만큼 컬러가 다양하지 않고 피부톤에도 맞지 않았다. 국내에서 유행하는 컬러를 구할 수도 없었다.

처음 창업 아이템을 찾아 헤맬 때 잘 알지도 못하는 분야를 기웃거렸지만 그 과정을 통해 확실히 깨달은 게 있다. 자기 탐구가 가장 우선시되어야 한다는 점이다. 상황이나 분위기에 휩쓸리지 않고 자기가 좋아하는 일을 찾아 오래 지속하려면 자신이 어떤 사람이고, 무엇을 좋아하고 싫어하는지, 강점은 무엇이고 약점은 무엇인지 등을 들여다봐야 한다.

화장품이 아니라
'진심'을 판다

요즘 경쟁이 치열하지 않은 곳이 없겠지만 화장품 업계는 그야말로 레드오션이다. 그럼에도 틈새가 있지 않을까? 찾고 또 찾았다. 그러다 내가 화장품 때문에 겪은 고충을 떠올려보니 답은 하나. 립스틱이었다. 메이크업 제품 중에서도 소비욕구가 왕성한 품목이기도 했다. 다른 화장품은 비싸서 엄두를 못 내지만 립스틱만큼은 명품 브랜드를 쓰며 만족감을 느끼는 여성도 많으니까.

처음엔 10대 대상 립스틱을 생각했다. 10대 아이들의 여린 입술피부를 보호하는 유해성분 없는 립스틱. 그런데 구글 스타트업 캠퍼스에서 만난 대표 가운데 한 명이 이렇게 충고했다.

"10대 애들이 성분 같은 거 따지면서 립스틱을 쓸 거 같아요? 애들은 올리브영 같은 데서 세일할 때 몇천 원짜리 사서 쓰는데."

시장조사를 해보니 맞는 말이었다. 10대가 아니라 10대 딸의 화장을 걱정하는 30~40대를 소비층으로 설정하는 것이 적절해 보였다. 아이한테 해로울까 봐 먹고 바르는 것에 예민해지는 임신 준비기부터 육아를 하는 엄마들도 주 소비층이 될 터였다. 그리고 나처럼 민감성 피부를 가진 여성들까지. 동물실험을 하지 않으므로 채식주의자나 동물실험 반대론자들도 소비층이 될 것으로 내다봤다.

시장조사 끝에 나온 유기농 립스틱 브랜드

주변을 보면 화장품 관련해 창업을 준비하는 사람들이 많다. 그들에게 하는 대표적인 조언은 준비를 철저히 하라는 말이었다. 누구에게 팔 것인지, 어떻게 알릴 것인지를 충분히 고민하고 대책을 세우지 않으면 꽃을 피우기도 전에 망하는 경우가 많다는 것이다.

충분히 시장조사를 한 후 소비층을 설정하고 나니 뭔가 창업이 손에 잡히는 느낌이었다. 이제 브랜드 네임을 정해야 할 때가 왔다. 브랜드 네이밍은 소비자가 제품을 이해하고 판단을 내리는 첫 번째 기준이 되는 요소라 간단히 정할 수 있는 문제가 아니다. 전문 업체에 맡기기도 하는데 자금 사정상 내가 파는 제품의 특성이나 개성을 표현할 수 있고 마케팅에 효과적으로 이용할 수 있는 이름을 직접 고민하기 시작했다.

내 딸 이름에서 딴 율^{YUL}과 입술을 뜻하는 립^{LIP}을 합쳐 '율립'으로 정했다. 엄마와 딸이 함께 쓰는 립스틱, 어린 딸 입술에도 안전한 립스틱의 이미지를 구현하고자 했다. 구글 스타트업 캠퍼스에서 만난 아트상회 김미애 대표와 의기투합해 율립 로고와 패키지, 단상자 디자인을 완성하는 등 2016년 5월 구글 스타트업 캠퍼스가 끝날 무렵엔 꽤 구체적인 창업 계획이 세워지고 있었다.

천연 립스틱 개발에 성공하다

제품을 개발하기 위해 OEM 업체를 물색하기 시작했다. 천연 립스틱을 만들 수 있으면서 기술력이 뒷받침되는 공장을 찾는 것이 관건이었다. 인터넷을 뒤지고 전화를 돌리고 해서 운 좋게도 원주에 있는 천연/유기농 화장품 전문 OEM 업체를 섭외하는 데 성공했다. 그때부터 성분을 넣고 빼고 배합 비율을 바꿔보면서 천연 립스틱 연구에 돌입했다.

뷰티 에디터를 하는 동안 화장품에 들어가는 성분을 보는 것이 주요 업무 중 하나였으므로 화장품 성분에는 꽤 지식이 있었다. 하지만 철저하게 안전한 성분을 찾아 실제 제품으로 만들어내는 과정은 결코 만만치 않았다. 화학 계열 색소는 완전히 배제하고 100% 천연 유래 성분과 미국 농무부USDA 인증을 받은 유기농 원료, 영국 토양협회Soil Association 인증 원료만으로 제조한다는 원칙을 세웠다.

문제는 좋은 성분만 배합해서는 립스틱의 기능을 완벽하게 충족시키기 어렵다는 데 있다. 성분이 좋으면 컬러가 예쁘지 않거나 맛 또는 향이 이상하거나 지속성이 떨어지거나 입술에 닿는 느낌이 무겁거나….

화학 계열 색소를 쓰지 않으면서 이 모든 한계를 극복하려다 보니 산자나무오일 같은 고가의 원료를 써야 할 때가 적지 않았다. 아로마 오일도 임신 초기, 중기, 후기에 따라 쓰면 안 되는 오일이 있어 난감했다. 고심 끝에 비터오렌지꽃오일을 첨가하기로 했다. 이처럼 공정 하나하나가 까다로웠다. 메이크업 제품은 왜 유기농이 드문지 알 것 같았다. 유기농 제품이라고 가격을 마구 올려 받을 수도 없으니 원가 대비 마진율이 낮았다.

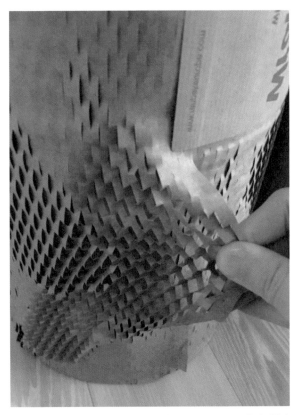

● 화장품에선 드문, 지아미 종이를 활용해 친환경 패키징을 완성했다.

택배와 인편으로 수없이 시제품을 받아 지루한 테스트를 거듭한 끝에 드디어 강황가루, 치자오일, 동백오일, 자근추출물 등 좋은 성분만 배합해 컬러도 예쁘고 맛과 향도 괜찮고 지속성도 좋으면서 입술에 닿는 촉감도 가벼운 율립이 비로소 탄생했다.

컬러는 세 가지만 제작했다. 한창 유행하는 말린 장미 컬러와 짙은 베리 컬러, 그리고 꽃분홍색 만능립밤 립 올마이티였다. 립밤은 만에 하나 안 맞는 아이들이 있을까봐 적색산화철, 카민 같은 천연 유래 성분을 빼고 자색고구마와 빨간 무에서 추출한 성분으로만 색깔을 입히고 향을 내는 오일을 첨가하지 않아 아기들도 쓸 수 있게 만들었다.

그대로 진행하면 2016년 11~12월에는 시장에 선보일 수 있겠다 싶은 수준까지 밀어붙였다. 화장품 '덕후'인 내가 봐도 이만하면 됐다 싶을 만큼 제품이 잘 나오자 자신감이 생겼다. 하지만 곧 현실을 깨닫는 순간이 왔다. 립스틱을 시장에 내놓기까지 가야 할 길이 너무 멀었다. 돈 없이는 한 걸음도 내디딜 수 없는데 제작비는커녕 생활비에도 늘 허덕이는 처지였다. 업체에 제작비용을 문의할 때마다 내 안에 있던 자신감이 뭉텅뭉텅 빠져나갔다.

립스틱 심지와 패키지, 패키지를 포장하는 단상자 등 아무리 물량을 최소로 만든다고 해도 1,000만 원 이상은 손에 쥐고 있어야 출발선에라도 설 수 있었다. 이리저리 돈 계산을 하고나니 과거의 내가 이렇게 속삭여왔다.

'창업회사 10개 중에 9개는 망한다는데 돈도 없이 뭘 하겠어. 지금도 빠듯한데 여기서 더 망하면 진짜 끝장이야.'

크라우드펀딩으로
희망을 새로 쓰다

8

금방이라도 발주를 넣을 것처럼 굴다가 자금의 벽 앞에서 무너졌다. 갑자기 모든 것을 중단한 채 잠적하다시피 했다. 그러다 2017년 2월 다시 움직이기 시작했다. 정말 마지막이라는 각오로 본면접에서 떨어지자 창업 외에는 길이 없다는 판단이 들었다. 그렇게 한창 창업 준비로 정신없던 어느 날이었다. 내가 망설이고 멈칫거리는 사이 대기업에서 율립과 꽤 비슷한 콘셉트의 립스틱을 이미 시장에 내놓은 것을 발견했다. 유해성분에 대한 경각심을 자극하는 카피부터 까만색 패키지까지 내가 론칭한 것으로 오해할 만큼 유사했다.

망치로 뒤통수를 얻어맞은 기분이었다. 염치 불구하고 스트롱벤처스 배기홍 대표에게 장문의 이메일을 띄웠다. 구글 스타트업 캠퍼스

마지막 날 데모데이에서 내가 발표한 율립 아이템에 대해 "시장성이 있겠느냐"고 물어봐준 분이었다. 벌써 1년 전 일이라 나를 기억이나 해줄까 마음 졸이며 기다리는데 배 대표로부터 답장이 왔다. 아무것도 안 하는 줄 알았는데 그간 해낸 일을 보니 대단하다는 내용이었다.

곧바로 배 대표를 찾아가 하소연했다. 그러자 이런 대답이 돌아왔다.

"대기업에서 유사한 제품을 내놓았다는 건 시장성이 있다는 뜻인데 대기업에서 했다고 안 할 생각이에요?"

그러고 보니 배 대표가 쓴 《스타트업 바이블》에서 읽은 내용이 기억났다. 스타트업은 반드시 대기업의 위협을 받게 돼 있으니 살아남을 수 있는 길을 적극적으로 택하라는 것이었다.

"여기까지 왔는데 일단 펀딩은 해봐야 하지 않을까요? 펀딩에 실패하면 그건 진짜 시장성 없는 거니까 그때 가서 접으면 되죠."

토를 달기 어려운 명쾌한 방향 제시였다. 시장에서 대기업과 경쟁하게 될지도 모른다고 생각하니 두려운 한편 기대가 됐다. 콘셉트는 유사하지만 성분에서는 뚜렷한 차이가 있음을 확인하고 나니 오히려 자신감이 생겨났다. 천연 립스틱의 자부심은 오직 율립만이 가질 자격이 있다는 자신감이었다.

크라우드펀딩 목표액 350% 달성

돈이 없어 시작을 못하던 나는 크라우드펀딩에 마지막 희망을 걸어보기로 했다. 크라우드펀딩은 말 그대로 다수의 대중에게 돈을 모으는

● 율립의 첫 번째 펀딩 프로젝트

YULIP

유해성분 없는 립 앤 마우스 율립

첫번째 프로젝트 EVERY DAY

● 율립의 첫 펀딩, 텀블벅에서 진행된 프로젝트

것을 말한다. 지금은 자금이 필요한 스타트업에 투자하는 개념으로까지 발전했다. 한 무명작가는 텀블벅 출판 프로젝트로 150만 원을 모금해 200부를 출간하겠다는 목표를 세웠다. 소박한 목표는 무려 1,292명으로부터 20,540,500원을 후원받으면서 소위 대박을 터뜨렸다. 최근 인기를 끌고 있는 백세희 작가의 《죽고 싶지만 떡볶이는 먹고 싶어》 역시 그렇게 시작됐다.

여러 업체에서 크라우드펀딩을 하는데, 구글 스타트업 캠퍼스에서 염재승 텀블벅 대표의 강의를 들은 적이 있어 크라우드펀딩 플랫폼으로 텀블벅을 염두에 두었다.

립스틱은 공신력 있는 회사의 추천만으로 선택할 수 있는 제품이 아니다. 같은 컬러라도 피부색과 입술 색에 따라 미묘하게 달라지는 것이 립스틱이고 여성, 특히 우리나라 여성들이 그 미묘한 차이에 예민하게 반응한다. 마음에 좀 안 들어도 참고 쓸 수 있는 제품이 아니라는 뜻이다. 수십 종의 컬러와 몇천 원대 제품이 널린 시장에서 3가지 컬러, 개당 2만 원대 가격으로 경쟁해야 하는 것도 불리한 요소일 것이다. 그러나 도전해보지 않고 멈출 수는 없었다.

드디어 펀딩 오픈일이 결정됐다. 2017년 6월 15일, 프로젝트 진행기간은 한 달, 목표금액은 500만 원으로 정했다. 마음 같아서는 목표금액을 높게 걸고 싶었으나 금액이 클수록 실패 확률이 높다고 해 처음엔 1,000만 원을 제시했다. 그러자 텀블벅 담당자가 "1,000만 원은 보통 두 달간 프로젝트를 진행해야 한다"며 난색을 표했다. 두 달이나 진행해야 한다면 그사이에 내가 지칠 것 같아 한 달로 기간을 줄이면서 목표금액도 절반인 500만 원으로 줄인 것이다.

디데이를 앞두고 '립스틱을 다시 생각하다'라는 제목으로 텀블벅에 올릴 프로젝트 설명서를 다듬고 또 다듬었다. 화장품제조판매업자증의 발부가 늦어져 가슴을 졸였으나 다행히 텀블벅에서 최종 점검하는 날 발부됐다.

잘 안 될 경우 내게 닥칠 일을 한번 정리해봤다. 펀딩에 실패하면 그때까지 세팅해둔 제작물량을 발주하지 않아도 되므로 내가 입을 경제적 타격은 크지 않았다. 일 진행하느라 조금씩 대출받아 쓴 돈은 취직해서 갚으면 된다. 정신적 충격이 클 테고 구매 예약을 했다가 실망한 후원자들에게 면목도 없겠지만 그 또한 내가 감수하면 되는 일이다.

하지만 거래업체들을 생각하자 머리가 복잡해졌다. 뭔가 하는 것 같다가 연락 뚝 끊기를 반복하던 나를 여태 믿고 기다려준 분들이었다. 특히 유기농 화장품 전문 OEM 업체에 마음의 빚이 컸다. 샘플비는 지불했지만 립스틱 개발 과정에서 색깔이며 무른 정도 등을 테스트하느라 오고간 물량과 횟수가 어마어마했다. 펀딩에 실패하면 그 인건비며 노력, 마음고생을 보상할 길이 영영 없어지는 셈이었다. 몸은 천근만근인데 이런저런 걱정으로 잠 못 이루는 밤이 이어졌다.

그날 이후 세텍SETEC에서 열리는 '헤이스타트업'에 새싹부스로 참가하느라 정신이 없기도 했지만 텀블벅은 아예 쳐다보지도 않고 지냈다. 가슴 졸이기도 싫고 실패를 내 눈으로 확인하고 싶지 않아서였다. 그런데 3일 만에 목표금액을 달성했다며 여기저기서 축하가 쏟아졌다. 예상보다 빠른 속도에 기쁘기도 하고, 제작비용에 턱없이 못 미치는 목표금액에 걱정되기도 하는, 복잡한 심정이었다.

펀딩에 성공했으므로 바로 다음 날부터 발주를 시작했다. 제작비용은 목표금액을 500만 원으로 정하면서 미리 대출받아 둔 2,000만 원으로 충당했다. 발주를 하고 나자 제작비용보다 펀딩금액이 적으면 큰일이다 싶었다. 그때부터 틈만 나면 텀블벅을 들여다보며 '조금만 더조금만 더'를 외쳤다. 1,000만 원까지만 가도 좋겠다고 했다가 어느새 1,500만 원을 바라보기 시작했고 이왕이면 2,000만 원까지 가기를 학

● 율립 창업 후, 다양한 트레이드쇼에 나가 직접 고객들과 소통하며 율립을 알렸다.

율립 ● 원혜성

수고대했다.

그사이 나도 텀블벅 화면만 들여다보지는 않았다. 크라우드펀딩은 프로젝트 운영자가 펀딩 성공을 위해 노력하는 모습을 보여주는 것도 중요하기 때문이다. 컬러를 궁금해하는 후원자들과 강남역 카페에서 만나 컬러 테스트도 하고 코스트코 공세점에서 부스 전시도 진행했다. 그 자리에서 구매를 원하는 이들은 텀블벅으로 안내해 구매 예약으로 이어지게 했다.

마침내 프로젝트 마감일이 다가왔다. 2,000만 원에는 못 미치는 1,750만 원대에서 멈췄지만 412명 후원자들의 소중한 마음이 모인 결과였다. 목표금액의 무려 350% 달성은 엄청난 성과였다. 나보다 남편이 더 감격스러워하면서 "야, 원혜성 대단하다"는 말을 한동안 입에 달고 살았다.

펀딩에 성공하자 놀랍게도 염재승 텀블벅 대표로부터 만나자는 연락이 왔다. 어떤 사람이, 어떻게 이 브랜드를 이끌고 있는지 궁금했다는 말에 기분이 날아갈 것만 같았다.

남은 립스틱도 완판

펀딩이 끝나갈 즈음 또 다른 고민이 생겼다. 립스틱 3,000개 가운데 텀블벅에서 주문받은 810개를 배송하고 나면 2,100개가 남는데 이걸 어떻게 파나 싶었다. 다행히 펀딩이 성공하면서 연락해오는 플랫폼들이 몇 군데 있었다. 메이커스 위드 카카오^{이후 메이커스}, 메가쇼 등이었다.

하지만 텀블벅 후원자들이 제품을 배송받기도 전에 다른 곳에서 판매를 시작하는 것은 도의에 어긋난다고 생각했다. '텀블벅 고객들이 제품을 받은 후 올리는 후기까지 보고 난 다음 판매여부를 결정하고 싶다'며 기다려줄 것을 요청했다. 그리고 올라오는 후기를 보는 내내 행복했다. 간혹 '색이 안 맞는다'거나 '비터오렌지꽃오일 냄새가 싫다' 같은 의견도 있었으나 대부분은 칭찬하는 내용이었다. 안전성에 대한 믿음을 표현하는 후기가 가장 많았고 색깔이 예쁘다거나 선물용으로 좋았다는 후기도 적지 않았다.

메이커스에서는 2017년 8~9월에 판매했는데 2주 만에 1,000개가 완판되는 기록을 세웠다. 이후 추가 판매와 앙코르 판매까지 진행해 637개를 더 판매했다. 메가쇼에서는 1인 창조업체 부스를 지원받아 4일간 전시와 판매를 진행했다.

이제 남은 물량은 100개 남짓. 이것은 구글 스타트업 캠퍼스 멤버인 이다랑 그로잉맘 대표가 미혼모 미혼부를 위한 부모학교를 진행할 때 선물용으로 기증하고 병원에도 좀 돌렸다. 건강할 때보다 더 화장하고 싶지만 몸에 해로울까봐 조심스러워하는 암환자들이 율립 립스틱에 관심을 보인다는 얘기를 듣고서였다.

어떻게 팔아야 할지 막막하던 물량 3,000개를 다 소진하고 나서 결산해보니 순이익이 1,500만 원 정도 남았다. 한 푼도 없이 창업해 넉 달 만에 이룬 성과 치고는 놀라웠다. 스스로가 얼마나 대견하게 느껴지던지.

생각해보면 한 푼도 없이 시작한 것이 다행이기도 했다. 만약 2,000~3,000만 원쯤 쥐고 있었으면 앞뒤 가리지 않고 발주부터 했을 테고

그랬다면 3,000개나 되는 립스틱을 어디 가서 팔았겠나 싶다. 손에 쥔
게 없으니 멈춰서 생각하고 또 조금 앞으로 내딛고 하면서 헛발을 딛
지 않으려고 조바심낼 수밖에 없었고 그 덕에 큰 성공은 아니어도 2차
펀딩에 나설 발판을 마련할 수 있었다.

● 메이커스 위드 카카오 고객들에게 일일이 직접 포장한 제품을 보내기 직전

1차 펀딩에 이은 2차 펀딩의 성공

1차 물량 소진 후 유기농 화장품 전문 OEM 업체와 함께 다시 신제품 개발에 들어갔다. 이번에는 온라인과 오프라인에서 취합한 고객 의견을 사소한 부분까지 반영하려고 노력했다. 호불호가 갈리는 비터오렌지꽃오일을 아예 빼서 무향으로 제작하고 '촉촉한 버전이 나오면 좋겠다', '입술에 닿는 느낌이 무겁다'는 의견을 반영해 에코서트^{ECOCERT,} ^{프랑스 유기농 인증기관}에서 인증 받은 천연 유래 성분을 강화해 촉촉하고 부드럽게 발리고, 가벼운 오일 성분을 사용해 입술에 닿는 무거운 느낌을 줄였다.

그리고 비건^{vegan}용 만능립밤^{립 올마이티}을 만드는 데도 심혈을 기울였다. 1차 펀딩 당시 채식주의자들 가운데서 왜 비건용은 없느냐고 물어오는 이들이 많았기 때문이다. 립스틱을 단단하게 굳히려면 비즈왁스가 들어가야 하는데 이 비즈왁스가 동물성 원료인 천연밀랍으로 만드는 것이어서 비건은 쓸 수 없다고 했다. 그래서 코럴 컬러의 만능립밤에는 아예 비즈왁스를 빼서 비건과 전 연령층이 함께 사용할 수 있도록 만들었다. 여기에 선셋핑크와 성난로즈를 합쳐 이번에도 3가지 컬러를 개발했다.

고민이 되는 건 역시 판로였다. 다행히 펀딩 성공에 이어 메이커스와 메가쇼에서도 좋은 반응을 얻자 다양한 유통업체에서 연락을 해왔지만 하나같이 어마어마한 수수료를 요구했다. 산후조리원이나 산부인과에서도 공동판매를 타진하는 연락이 오고 미국 식품의약국^{FDA} 승인을 받아 수출하라는 주변의 권유도 끊임없이 받고 있다.

미국 농무부와 영국 토양협회에서 인증 받은 비싼 성분을 쓰면서도 율립에 유기농 화장품 표기를 할 수 없는 이유는 완제품으로 다시 인증 받아야 하는데 돈 없이는 불가능한 일이기 때문이다. FDA 승인도 마찬가지여서 아직은 엄두가 나지 않는다.

배기홍 대표와 의논해 2차 펀딩으로 시장성을 다시 검증해보기로 했다. 2차 펀딩은 12월 19일부터 텀블벅에서 한 달간 진행했고 총 283명의 후원자들로부터 1,200여만 원을 모아 목표금액의 245%를 달성했다. 그 후 2018년 1월 29일부터 메이커스에서 본격적인 판매를 시작했다. 아니나 다를까 반응이 좋았다.

주위에서는 이런 식으로 세 바퀴는 돌아야 돈이 벌린다고들 한다. 아직은 벌어서 다음 제품 개발과 제작에 쏟아부어야 한다는 뜻이고 실제로도 그렇게 하고 있다.

맨땅에 헤딩하듯
부딪치면서 배운다

펀딩에 이어 율립의 시장성을 검증받은 후 자금이나 사무공간을 지원받기 위해 창업지원사업을 적극적으로 활용하기로 했다. 중소벤처기업부에서 제공하는 창업보육센터에 지원해 1차 서류심사를 통과했다. 저렴한 비용으로 쓸 수 있는 사무실을 지원하는 사업이었는데 서류심사를 통과하자 '와, 이거 뭐가 되려나' 싶었다. 그리고 2차 면접을 보러갔다.

"제작비용은 어떻게 충당할 겁니까?"

"제가 크라우드펀딩을 준비 중입니다."

"크라우드펀딩에 대해 제대로 알고 있습니까?"

"그게 소비자들한테 투자받아서 제작비용을 마련하는….'

"요즘 너도나도 크라우드펀딩을 한다고 하는데 그거 실패 확률 높습니다. 공부도 하고 준비도 제대로 해서 시작하세요."

일단 부딪쳐보자

지금 생각하면 심사위원들 앞에서 헛소리만 잔뜩 늘어놨던 것 같다. 시제품 완성에 우쭐해져서 좀 더 자세히 알아보지 못했다.

4월에는 중소기업청이 지정한 1인 창조기업 지원센터에 응모했다. 남편한테 "여기서 떨어지면 시장성 없는 것으로 알고 접겠다"고 말해뒀는데 2차 면접까지 통과해 공유사무실_{셰어오피스}을 쓸 수 있는 자격을 얻었다. 같은 달 경기도경제과학진흥원^{GBSA}에서 주관하는 창업프로젝트에도 선정돼 1,000만 원 지원 자격을 얻었다. 안타깝게도 사업자가 비용을 쓰고 나면 사후에 지급하거나 미리 받으려면 사업자가 지원금의 20%를 입금하는 조건이어서 내겐 그 20%를 낼 돈이 없어 당장 쓸 수 있는 지원금은 아니었다.

두 군데 지원사업에 선정되자 이제 마음대로 그만둘 수도 없었다. 책임감과 더불어 추진할 동력이 생긴 셈이다. 열심히 앞으로 나가기만 하면 되겠구나 싶었다. 그런데 화장품은 식품의약품안전처의 인증을 받아야 유통이 가능한 것은 물론 화장품제조판매업증이 있어야 OEM 업체에 발주를 넣을 수 있다는 사실을 뒤늦게 알았다. 그동안은 자금이 없어 일을 진척시키지 못한다고 생각했는데 내겐 화장품을 대량으로 제작해 유통시킬 자격이 아예 없었던 것이다. 산 넘어 산이라고 하더니 내게 딱 어울리는 말이었다.

유통을 위한 바코드 부착하는 것도 크라우드펀딩에 필요한 절차였는데 그조차 까맣게 모르고 있었다. 정말 아무것도 모르고 덤볐구나 싶어 실소가 나왔다. 화장품제조판매업증을 내는 과정은 또 얼마나 복잡하던지 무려 두 달이나 걸렸다. 내가 왜 하필 화장품 사업을 시작해서 이 고생을 하나 후회스러울 정도였다.

정신을 차리고 하나하나 해결해나가기로 했다. 준비만 하다가 시작도 못하고 끝나는 것보다 일단 부딪쳐가며 해결해나가는 것도 의미가 있다. 미리 이런 사실을 알고 다 준비한 후 시작하려 했다면 아마 도전하지 못했을지도 모른다. 두려움이 앞서서.

우여곡절을 겪으며 판매를 시작했을 때도 무거운 현실의 장벽에 부

● 미국 진출 후, 첫 '아마존초이스' 상품으로 선정된 성난로즈 립스틱. 미국에서는 Angry rose로 이름을 알림

덮혔다. 우리나라에서 화장품으로 성공하려면 엄청난 자금력과 물량이 따라줘야 한다는 것. 나 같은 1인 스타트업이 설 자리는 없겠구나 싶었다. 그때 국내뿐만 아니라 해외로 눈을 돌려보면 어떨까 하는 생각이 들었다. 준비 끝에 아마존 USA에 입점했다. 창업과 아마존 입점을 준비하는 동안 배운 게 있다면 '하늘은 스스로 돕는 자를 돕는다'는 것이다.

아마존에 입점해야겠다고 결심은 했지만 어디서 시작해야 할지 막막했다. 그때 섬광처럼 기사 하나가 눈에 띄었다. 경기도 FTA협회와 아마존 글로벌 셀링이 함께 교육할 셀러를 모집한다는 내용이었다. 바로 지원했고 반갑게도 교육을 받게 되었다. 약 2달간, 일주일에 한 번 하루 종일 교육을 받고 그 교육을 토대로 아마존에 하나하나 셀러 등록을 시작했다. 편하지 않은 영어, 국내 유통 플랫폼과는 너무 다른 셀러 등록 절차가 낯설었다. 하다가 모르면 무조건 아마존에 메일을 보냈다. 드디어 아마존 US 사이트에서 'YULIP'을 찾을 수 있었다. 그리고 2달 뒤 한국명 성난로즈 컬러, 'Angry Rose'는 Amazon's Choice를 달게 되었다.

천연 립스틱에서 다음 꿈을 꾸다

이제부터는 제품군의 다양화를 시도할 계획이다. 립스틱만으로는 한계가 있기 때문이다. 요즘 한창 개발 중인 제품은 천연 선블록 크림이다. 화장을 못하는 대신 선블록 크림만 바르면서 오래전부터 선블록 제품에 관심이 많았는데 시중에 나와 있는 천연 제품은 바르면 얼굴이 허옇게 들뜨는 백탁 현상이 심해 늘 아쉬웠다. 그래서 연구원과 함께 100% 천연 성분을 쓰면서도 백탁 현상을 줄이는 방법을 찾는 중이다. 이 제품이 현실화되면 항노화를 위해 햇볕 차단이 중요한 암환자들에게도 희소식이 될 것으로 확신한다.

그 밖에 다양한 컬러군의 립스틱 라인과 클렌징 그리고 립글로스 등 다양한 라인업을 생각하고 있다. 보통 피부가 예민한 소비자들을 보면 아이 메이크업에도 굉장히 예민한데, 아이섀도에도 도전할 생각이다. 장차 펀딩에 기대지 않아도 될 정도로 회사가 성장하면 파운데이션, 마스카라, 볼터치 등 메이크업 라인을 모두 천연으로 개발해 나도 피부 트러블 걱정 없이 화려하게 화장하면서 살아보고 싶다. 나를 닮아선지 벌써 "엄마 톡톡" 하면서 화장하는 흉내를 내곤 하는 우리 율희를 위해서라도 내 손으로 가장 안전하고 건강한 화장품을 만들어내야 한다고 생각한다. 언제가 될지는 몰라도 장기적으로는 발효식품, 분말식품 등으로 요즘 한창 뜨고 있는 이너뷰티 시장까지 내다볼 수 있기를 바란다.

2차 펀딩까지 성공하자 꽤 유능한 창업자라도 되는 듯 나를 바라봐주는 시선이 늘었다.

"대표님, 성공 축하드려요."

"진짜 펀딩한 돈으로만 이걸 다 하신 거예요?"

"이 많은 일을 혼자 하세요? 대단하시네요."

그럴 때마다 어색해서 어딘가로 숨어버리고만 싶다. 난 아직 '성공'과는 거리가 멀고, 이제 겨우 율립의 시장성을 확인했을 뿐이다. 앞날은 불안하기만 하다. 2017년 10월 1인 창조업체 지원사업에 선정돼 독서실만 한 사무실을 하나 얻긴 했어도 여전히 집과 카페를 옮겨 다니며 메뚜기처럼 일하고 있고 재투자를 하느라 손에 쥔 돈도 없다.

어느 날은 아트상회 김미애 대표가 "원 대표님은 진짜 인복이 많은 거 같아요"라고 해서 순간 귀를 의심했다.

"네? 인복이요? 제가요?"

"넌 참 복도 없다"는 말은 많이 들어봤다. 내가 기억하는 한 처음 들어본 말이었다. 그런데 곰곰 생각해보니 그 말이 맞았다. 율립 로고부터 패키지, 단상자, 브로슈어까지 자기 일처럼 디자인해주고도 비용 청구할 생각조차 않던 김미애 대표부터 펀딩이며 부스 전시 때마다 발 벗고 나서서 도와준 구글 스타트업 캠퍼스 멤버들과 수많은 지인들, 선택의 순간, 여러 가지 고민과 선택의 기로에 있을 때 멘토 역할을 해준 배기홍 대표, 텀블벅 염재승 대표, 거래업체들까지⋯. 사업에 실패하고도 바닥부터 시작해 다시 직장인이 된 아버지, 내가 바쁠 때마다 율희 돌봐주느라 고생하는 엄마가 그렇고 나를 위해 누구보다 열심히 기도해주는 든든한 내 남편이 모두 나의 인복이었다. 그리고 밖에서 아무리 힘들었어도 집에 돌아가 얼굴 보는 것만으로 세상 시름 다 잊게 만드는 우리 '율희'야말로 내 인복의 결정체가 아닐까 싶다.

따지고 보면 이렇게 인복 많은 삶을 누리고 있는데도 나는 왜 때때로 춥고 허전하고 불안한지 이해할 수 없었다. 빈손으로 시작해 유해성분 없는 립스틱으로 이만한 성과를 냈으면 자존감을 가질 만하지 않을까. 그러나 오래 좌절을 경험한 상처가 한두 번의 반짝 성공으로 회복될 리 없을 것이다. 그래서 나한테 시간을 주기로 했다. 슬픔에 젖은 날개를 뽀송뽀송하게 말릴 시간을. 이제부터 천천히 날아오르기만 해도 내 인생의 대부분은 진흙탕이 아니라 하늘을 날던 기억으로 채워질 테니까. 그 날갯짓에는 당연히 율립의 성장이 함께할 것이다.

참 고민이 많았다. 내 얘기를 어디까지 해야 하나. 두 번의 크라우드 펀딩으로 이제 막 창업의 첫발을 뗀 주제에 마치 큰 성공이라도 거둔 듯 '나 이만큼 고생해서 여기까지 온 사람이야' 하는 투의 이야기가 될까봐 조심스러웠다. 사람들은 내게 자꾸만 "대단하다"고들 하는데 나는 여전히 현재가 고달프고 미래가 불안한 사람이다. 성패 여부를 떠나 창업에 나선 사람들이 흔히 말하는 도전정신, 패기… 같은 것과도 거리가 멀다.

그럼에도 내 이야기를 풀어놓기로 한 것은 어딘가 나와 비슷한 사람이 있을 것 같아서였다. 나처럼 아무것도 되는 일이 없어서 마지막 돌파구로 창업을 고민하는 사람, 가진 게 없어서 선택의 순간마다 멈칫거리는 사람, 갑은커녕 을의 위치에도 서본 적 없어서 상처투성이 자존감을 안고 살아가는 사람…. 그런 이들에게 내 이야기가 조금이나마 공감이 되고 위안이 되면 좋겠다.

● 이제 막 창업의 첫 발을 떼다.

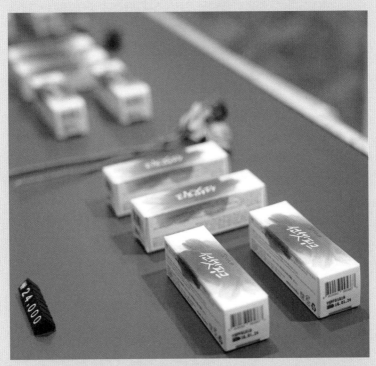

● 평창 동계 올림픽 기간 내 소셜팝업 존에 진열된 율립 립스틱들

"

자금이 고민이라면
크라우드펀딩!

"

크라우드펀딩은 군중 또는 다수를 의미하는 크라우드(Crowd)와 자금조달을 뜻하는 펀딩(Funding)을 조합한 용어다. 크라우드펀딩은 사업 자금, 서비스나 상품 제작비, 기업 자금 공모, 비영리기구 활동 후원 등 그 쓰임새가 다양하다. '십시일반(十匙一飯)'이라는 말처럼 제품이나 서비스를 출시하고자 하는데 자금이 부족한 사람을 위해 조금씩 돈을 모아 힘을 보태는 것이다.

내가 처음 화장품 창업을 머릿속에 그릴 때 마음 한편으로 자금 사정 때문에 막막했다. 자본금이 하나도 없는데 궁리를 한들 무슨 소용이랴 싶었다. 그런데 뜻이 있으면 길이 있다고 크라우드펀딩을 접하면서 창업의 발판을 만들 수 있었다.

아이디어가 있어도 자금 때문에 할 수 없다면 크라우드펀딩을 고려해볼 수 있다. 그렇다고 남들 하니까 나도 해볼까 하는 생각은 곤란하다. 내가 하고자 하는 아이템과 크라우드펀딩이 잘 맞는지 확인해보고, 방향성에 맞는 적절한 크라우드펀딩 플랫폼을 찾아야 한다.

일단 크라우드펀딩을 하려는 목적이 중요하다. 홍보인지, 자금 모금인지 잘 생각해서 목표금액을 설정하고 작업한다. 플랫폼에 상품을 올렸다고 끝난 것이 아니다. 펀딩의 경우 제품을 경험하지 않고 콘텐츠를 미리 사는 방식이기 때문에 오프라인으로 선체험을 하거나 진행 상황을 계속 업데이트 해주는 등 온오프라인에서 홍보를 병행하는 활동이 필요하다.

크라우드펀딩을 준비한다면 아래 사항을 유의하자.

율립 ● 원혜성

1) 크라우드 펀딩은 진정성이 중요하다.

2) 콘텐츠 흐름을 잘 짜야 한다.

3) 완벽한 사진이 아니더라도 꼭 필요한 사진은 전문가에게 맡긴다. 이미지가 중요하기 때문이다.

4) 펀딩을 오픈했다고 끝난 게 아니다. 새로운 소식 업데이트, 오프라인 활동, 이벤트 등 마지막까지 전력을 다해야 한다.

크라우드펀딩 사이트 소개

텀블벅(tumblbug.com)

책, 일러스트, 요리, 패션 등 문화 전반에 대한 펀딩이 많이 진행된다. 문화와 사회에 초점이 맞춰져 있다.

와디즈(www.wadiz.kr)

가장 많은 회원과 투자자를 보유하고 있다. 회원이 많은 만큼 모금액이 큰 것이 특징이지만 그만큼 경쟁이 치열하다. 다양한 카테고리의 펀딩이 진행되지만 IT계열의 상품에 대한 관심도가 높은 편이다.

크라우디(www.ycrowdy.com)

금융전문가들이 모여 만든 플랫폼으로 까다롭게 선정한 스타트업에 투자 유치를 돕는다. 또한 '창업교육'을 진행하고, 마케팅 지원을 통해서 펀딩 제작자가 창업을 원활하게 할 수 있게 한다.

내 인생의 주인은
오직 나

이수연 한국워킹맘연구소 소장
《40대 이력서 쓰는 엄마》 저자

"엄마는 꿈 이뤄서 좋겠다. 나도 엄마처럼 내 꿈 이룰 거야. 야구선수~."

열 살 둘째 아들이 잠자리에 누워 반쯤 감긴 눈으로 나지막하게 말을 건네온다. 얼마 전, 형 따라 '야구선수'로 진로를 정한 후 생각이 부쩍 많아진 아들과 엄마의 꿈에 대한 이야기를 나누었던 터다. 꿈꾸는 엄마를 보고 자란 아이만이 꿈을 꿀 수 있다고 했던가. 내 아이는 어느 새 꿈꾸는 아이가 되어 있었다.

내가 누구인지 찾아가는 여정, 꿈을 이루는 첫 걸음

사업하느라 출산 후 3개월 만에 친정에 맡긴 큰 아이를 집으로 데리고 올 때만 해도 나는 좋은 엄마가 될 수 있을 것이라 믿었다. 나는 누구보다도 아이를 사랑했고, 맨땅에 헤딩하는 일에 익숙했으며, 뭐든 할 수 있다는 '스스로에' 대한 믿음이 강했기 때문이다.

하지만 그 믿음도, 유쾌한 행복도 그리 오래가지 않았다. 한 달이 지나니 슬슬 답답해졌고, 두 달이 되니 불안감이 엄습했다. 아무렇게나 걸쳐 입은 옷에 떡진 머리를 하고 종일 아이와 씨름하면서 남편 퇴근 시간만 기다리는 이 순간이 영원할 것만 같았다.

'이수연'이라는 '나'의 존재는 없어진 채 엄마라는 이유만으로 아이에게 '몸'과 '마음'을, 때로는 '영혼'까지 바쳐야 하는 이 삶이 겁이 나고 무서웠다.

내가 어떤 성향의 사람이고, 어떻게 살기를 원하는지 생각해봤다. 나는 '워킹맘 DNA'를 가진 사람으로 일을 통해 성취감을 느껴야 행복한 사람이라는 결론이 나자 더 이상 망설일 이유가 없었다.

내 마음 속 '일하고 싶다 = 행복해지고 싶다 = 살고 싶다'는 울림은 결국 일하면서도 아이를 잘 키우게끔 도와주는 <한국워킹맘연구소>를 세상 밖으로 나오게 했고, 2019년 10주년을 맞이하며 국내외에서 손꼽히는 워킹맘·대디 전문기관으로 자리 잡게 한 원동력이 됐다.

내 인생을 좌지우지 할 수 있는 사람은 오직 '내 자신' 뿐

삶의 중심에 '나 자신이' 없으면 지금까지 희생하고 인내한 내 삶은 아무것도 아닌 것이 되어버린다. 남편과 아이가 잘 되는 것이 마치 내 꿈이라도 된냥 죽어라 뒤치다꺼리만 하다 "너희들이 나한테 어떻게 이럴 수 있어!" 하며 원망하는 삶. 우리 친정엄마 그랬고, 이미 수많은 인생의 선배들이 그랬다. 우리는 적어도 그러한 시행착오만은 겪지 않아야 한다.

지금부터라도 그 동안 잊고 지낸 '자신'을 찾아야 한다. 누구의 엄마이자 아내가 아니라 '나'로 당당히 일어설 수 있는 준비를 시작해야 한다. 그러기 위해서는 혼자 있는 시간을 통해 '내 안에서 들려오는 그 절절한 울림'을 들을 줄 알아야 한다. 그래야 비로소 내가 누구인지, 나는 뭘 해야 행복한 사람인지, 지금 무엇을 해야 되는지를 깨닫게 된다.

그 동안 많은 것을 이루어냈고, 이루고 있음에도 불구하고 '자신은 할 수 있는 게 없다!'며 가족의 그늘 밑에 숨고 있는 수많은 예비 워킹맘들에게 전하고 싶다. 내 인생의 주인은 나로, 오직 나만이 내 인생을 좌지우지 할 수 있다고 말이다. 내 자신에 대한 '믿음'과 조금은 부족하지만 세상 밖으로 나오려는 '용기'를 가진 사람만이 내 꿈을 과거형 아닌 현재 진행형으로 만들 수 있다.

"엄마는 꿈이 뭐였어?"

"나도 엄마처럼 꼭 꿈을 이룰 거야."

당신의 아이에게 당신은 어떤 말을 듣고 싶은가.

용기를 내어 생각하는 대로 살지 않으면, 머지않아 사는 대로 생각하게 된다.

지금 나는 어떤 삶을 살아야 할까.

선택은 바로 여러분의 몫이다.

네트워킹보다
힘센 자산은 없다

사람은
'그가 누구인가'가
아니라
'무엇을 하는가'로
정의 내려지는
거야."

〈배트맨 비긴스〉 중에서

김미애
스타트업과 사회적 기업을 위한 ONE-STOP 디자인 총판 아트상회 대표

연대와 공감으로
새로운 업의 지도를 그리다

엄마가 된 후로는 늘 모임을 만들거나 모임에 참가하면서 살아왔다.
아이와 함께 고립되는 생활을 못 견디기도 했고 하고 싶은 말,
하고 싶은 일이 생기면 온라인이든 오프라인이든 커뮤니티를 만들어
실행에 옮겨야만 직성이 풀리는 성격 때문이기도 했다.
마음 맞는 사람들과 연대하여 무언가를 만들어내면서 살다 보니
어느 날부터 일이 주어지기 시작했다.
명함부터 광고전단, 브로슈어, 포스터 등을 디자인하고 제작하는 일.
디자이너 출신인 내게 꼭 맞는 일이었다.
덕분에 영업 활동 한 번 없이도 아트상회는 100군데나 되는
거래처를 확보하고 있다. 여전히 돈보다는 연대하고 나누는 일이 좋아
스타트업과 사회적 기업 위주로 거래하지만 따뜻한 커뮤니티를 포기할 수 없는
나는 가장 이상적인 비즈니스 모델이라고 믿는다.

구글 스타트업 캠퍼스에서
찾은 아이템

돌이켜 생각해보면 내 어릴 적 꿈은 '그림 그리는 사람'이었다. 어린 시절 집에 있는 컵이며, 연필, 장난감 할 것 없이 앞에 세워두고 종이에 따라 그리며 노는 게 일과였다. 넉넉하지 않은 집안 사정으로 그림 그리기를 접었지만 마음 한구석에 늘 꿈으로 남아 있었다. 그런 내게 편집디자인 일을 하게 된 건 천운 같은 거였다. 스물다섯 살 때 작은 사무실에서 사무보조 일을 했는데 외주 제작하던 사보를 내부에서 만들기로 하면서 우연히 기회가 왔다. 어릴 때 미술대회에서 상 받은 전력을 이력서에 한 줄 적어 넣었더니 미술에 감각이 있다고 여겼는지 "새로 뽑지 말고 얘를 가르쳐보자"는 의견이 나왔던 것이다.

그렇지 않아도 언제까지 허드렛일만 하며 살 수는 없다고 초조해하던 참이었다. 편집디자인을 배워보겠느냐는 제안이 인생을 바꿔보겠느냐는 제안처럼 들렸다. 편집디자이너! 소모품 취급받으며 십 원 단위까지 계산하는 시급 대신 전문직 대접받으며 연봉계약하면서 살게 될지도 모른다고 생각하니 꿈만 같았다. 회사 소개로 한국잡지협회에서 3개월 교육과정을 밟기 시작했다. 그렇게 점차 실력을 쌓아 차츰 더 큰 회사, 더 전문적인 디자인회사로 이직할 기회를 얻었다.

소량 스티커 디자인 사업을 해볼까

결혼 후 출산을 앞두고 회사를 그만두었다. 처음엔 육아에만 전념할 생각이었다. 그러나 여러 모임에 참여하고 단체와 연대하는 일이 늘면서 디자인할 기회가 자꾸 생겨났다. 아이가 자는 틈틈이 해야 하는 일이라 충분한 시간을 낼 순 없어도 회사 일을 할 때와는 또 다른 성취감이 있었고 언젠간 다시 일을 해야 했으므로 감각을 유지하는 데도 도움이 됐다.

그런데 일을 해야만 하는 시간이 예상보다 빨리 닥쳤다. 게임회사 프로젝트 매니저로 일하던 남편이 실직을 한 탓이었다. 몇 달쯤은 벌이가 없어도 견딜 만한 형편임에도 남편은 불안해서 어쩔 줄 몰라 했다. 은행 대출을 계획대로 갚지 못할까 봐, 실직 상태가 길어질까 봐 불안해하는 표정이 역력했다. 남편은 조심스럽게 내게 아이를 어린이집에 맡기고 회사에 다니면 좋겠다고 권했다. 마침 예전 디자인 회사에서 복직을 권유받고 있던 터라 잘됐다 싶은 마음도 들었다.

하지만 도저히 아이를 두고 일하러 다닐 자신이 없었다. 그때 아이 키우면서 할 수 있는 일은 없을까 궁리하기 시작했다. TV에서 흔히 소개하는 주부 부업처럼 애 키우면서 한 달에 100만 원이라도 벌 수 있으면 좋겠다고 생각했다.

그렇게 시작한 일이 소량 스티커 디자인 사업이었다. 대체로 스티커가 필요해도 대량으로 만들어주기 때문에 꼭 필요한 수량을 넘어서기 일쑤다. 규모가 작은 영업점일 경우 재고로 남을 수도 있었다. 소량의 스티커를 제작하고 싶은 규모가 작은 영업점이나 신선한 디자인을 원하는 엄마들을 대상으로 하면 괜찮은 사업 아이템이 될 것 같았다.

먼저 주변 엄마들을 대상으로 맞춤형 스티커를 홍보했다. 어린이집에 다니는 아이의 가방, 노트 등에 붙일 스티커를 예쁘게 디자인해 만들어주겠다고 제안했고 꽤 주문이 들어올 정도로 반응이 좋았다. 소규모 영업점들로부터 스티커 제작의뢰가 종종 들어오기도 했는데 문제는 들이는 품에 비해 단가가 너무 싸다는 점이었다. 틈틈이 일하긴 해도 한 달 내내 일해야 100만 원을 채우기가 힘들었다.

아직 뚜렷한 사업성이 보이지 않아 사업자등록은 내지 않은 채 '풀네임'이라는 회사명으로 일을 했다. 딱풀처럼 딱 붙는 스티커여서, 그리고 이름이 다 들어가는 스티커여서 '풀네임'이라 지었다.

다행히 남편은 실직 3개월 만에 다시 안정적인 직장을 찾았다. 남편의 취직과 무관하게 나는 일을 계속하기로 했다. 남편의 실직을 계기로 시작했지만 일을 하면서 오는 즐거움이 컸다. 아이도 키우면서 할 수 있어서 굳이 내려놓을 이유가 없었다. 좀 더 본격적으로 해보면 어떨까 하던 차에 우연히 구글 스타트업 캠퍼스를 알게 되었다. '소량 스티커 디자인' 사업으로 신청서를 넣었는데 덜컥 합격했다.

아트상회의 탄생

엄마들을 위한 창업교육이니 그저 부업교육 비슷한 내용이겠지 생각하며 첫 수업에 참가했다. 가벼운 마음으로 참가했는데 웬걸 다들 수준이 대단했다. 창업 아이템과 자신을 소개하는 시간에 나는 종이를 들고 덜덜 떨며 발표하는데 다른 엄마들은 학력이며 경력이 훌륭했고 떠는 사람도 없었다. 정신이 번쩍 들었다. 내가 이 엄청난 사람들하고 같은 교육생으로 뽑혔다는 사실이 믿기지 않았고 과연 수업을 따라갈 수 있을지 걱정스러웠다. 첫 수업을 듣는 순간 모르는 것투성이였으나 어쩌면 내 인생에 또 한 번의 기회일지 모른다는 생각이 들었다.

그날부터 창피당하지 않으려고 예습복습해가며 열심히 수업에 참가했다. 교육이 진행될수록 한 달에 100만 원만 벌자고 생각했던 내가 얼마나 좁은 세상에 갇혀 있었는지 깨달았다.

소량 스티커 사업은 접고 편집디자인 쪽으로 창업할 방법을 고민하기 시작했다. 시장조사를 통해 편집디자인 회사는 꽤 규모가 있는 곳과 영세한 곳으로 양극화돼 있다는 사실을 알아냈다. 그러니 비용과 품질의 간극도 컸다. 품질을 높이려면 높은 비용을 감수해야 하고 가격을 낮추면 품질은 포기해야 하는 것이 상식처럼 받아들여지고 있었다.

이미 사업을 하고 있거나 창업을 준비 중인 구글 스타트업 캠퍼스

● 맘앤앙팡에 소개된 스티커 디자인

멤버들이 가장 많이 하는 부탁도 괜찮은 디자이너를 소개해 달라는 것이었다.

"미애 씨, 명함 만들 건데 좀 괜찮게 하는 곳 소개 좀 해주세요."

"브로슈어가 필요한데 디자인이 괜찮으면 가격이 비싸고, 싼 곳은 디자인이 엉망이고… 아주 죽겠어요."

이런 부탁을 많이 받다 보니 이걸 내가 하면 되는 거 아닌가 싶었다. 비용 대비 높은 품질의 디자인을 뽑아내기만 하면 거래처 확보하는 일도 아니겠다 싶었다. 이번에도 역시 틈새시장을 공략하는 아이템이었으나 소량 스티커 디자인과는 달리 시장성이 확실했다.

처음부터 거창한 목표와 계획을 세운 것이 아니라 여러 모임과 단체에서 내가 할 수 있는 디자인 일을 돕다 보니 자연스레 틈새시장이 보인 것이다. 그렇게 지금의 디자인 회사 '아트상회'가 만들어졌다. 아트상회의 정체성은 스타트업과 사회적 기업을 위한 ONE-STOP 디자인 총판이다. 초기에 디자인실을 따로 둘 수 없는 스타트업들에겐 그야말로 수시로 의견을 주고받을 수 있는 랜선 디자인실이 되어주고 싶었고, 사회적 기업은 봉사활동과 세월호 참사 때 유가족과 뜻을 같이하던 엄마들과 연대해 시위를 한 경험 등을 통해 이익보다 나눔에 더 마음이 쏠리면서 주 거래처로 삼기로 했다. 돈은 거래하는 스타트업 기업들이 성장하면 자연스레 벌 수 있다고 생각했다.

나를
행복하게 하는 것

죽기 전에 꼭 해보고 싶은 것을 써보는 버킷 리스트가 있다. 어두운 터널 같은 10대 시절을 보낸 후 맞은 스무 살에 살아갈 이유를 찾고 싶어 버킷 리스트를 쓴 적이 있다. 가끔 외롭거나 지칠 때면 책상서랍 깊숙이 넣어둔 버킷 리스트 목록을 꺼내보곤 한다.

서른 - 인도여행 / 사랑하는 사람 만나서 결혼하기

마흔 - 내가 사진 찍고 글 써서 책 출판하기

쉰 - 세계여행

예순 - 아이들을 위한 미술치료센터 열기

10년 주기로 적어둔 버킷 리스트 안에는 멋지게 나이 들어가는 여자가 있었다. 삶의 여유가 생기고 사랑하는 가족이 생긴다면 나이 먹는 것쯤 하나도 아쉽지 않을 것 같다. 그녀를 만나기 위해서라도 꼭 힘을 내 오늘 하루 최선을 다해 살아내야 한다.

신기하게도 버킷 리스트에 적은 대로 서른한 살에 지금의 남편을 만나 결혼했다. 인도여행은 서른 살이 되자마자 다녀왔다. 인도여행을 가야겠다고 마음먹었을 때 회사에 사직서를 내며 이렇게 얘기했다.

"제 버킷 리스트에 지금 인도여행 가는 걸로 돼 있거든요. 그러니까 꼭 가야 해요."

"버킷 리스트? 그걸 지키는 사람이 어디 있나?"

다들 황당해했으나 첫 번째 버킷 리스트부터 어그러지면 간신히 궤도에 올라선 내 인생에 책임감을 갖기 어려울 것만 같았다. 일주일간 매일 사장실로 불려가 사직 대신 휴직을 종용받았다. 여행이 두 달이 될지, 석 달이 될지 알 수 없다며 버티다가 한 달 휴직으로 타협한 후 한 달간 인도여행을 다녀왔다.

버킷 리스트에 완수를 뜻하는 표기를 하며 내가 내 머리를 쓰다듬었다. '짜식, 진짜 해냈구나.' 인도여행도 행복했지만 내 미래도 계획대로 흘러갈 것 같아 처음으로 내 인생이 기대되기 시작했다.

돈보다 사람, 이익보다 나눔이 좋아

나는 열아홉 살부터 단 한 순간도 게으름을 피워보지 못하고 살았다. 아르바이트를 시작한 중학교 3학년부터 따지면 내 손으로 돈 벌며 살아온 세월이 무려 17년이나 된다.

고등학교 졸업 무렵 아버지가 돌아가셨다. 세상에 혼자 남겨졌다는 사실을 실감할 새도 없이 하루 2~3건씩 닥치는 대로 아르바이트를 했다. 열아홉 살부터 스물다섯 살 무렵까지 거쳐 간 아르바이트만 해도 50~60가지가 훌쩍 넘는다. 편의점, 주유소, 사무보조, 서빙 등 나쁜 일 빼고는 다 했는데도 돈이 모이기는커녕 기본 의식주 해결도 벅찰 지경이었다.

그러다 어느 순간 지치기 시작했던 것 같다. 세상에 태어나 따뜻한 보살핌이라곤 받아본 적 없이 혼자 힘으로 사는 데 워낙 단련이 돼서 그나마 덤덤하게 살아내는구나 싶어 다행이라 여겼는데 세상과 부대끼며 입는 크고 작은 상처에는 좀처럼 무뎌지지 않았다.

그때 허겁지겁 봉사활동 카페를 검색했다. 아마도 나를 갉아먹는 일 말고 충전하는 일이 필요했던 것 같다. 인터넷에서 찾아낸 봉사활동 카페에 가입하고 그 주부터 바로 장애인복지시설에서 봉사를 시작했다. 한 번 가면 4~5시간 정도 주방 일 돕고 청소하고 장애인 분들 말 벗도 해드렸는데 돌아오는 발걸음은 그렇게 가볍고 가슴은 그렇게 뿌듯할 수 없었다. 무거운 발을 끌며 텅 빈 가슴으로 돌아오곤 하던 아르바이트 퇴근길과는 달라도 너무 달랐다.

광명, 여주 등 장애인복지시설을 돌아가며 주말마다 찾는 생활을 그 후로도 몇 년간 지속했다. 사업을 하고 있는 지금도 돈보다 사람, 이익보다 나눔에 더 마음을 뺏기곤 하는 것이 그때 내 몸에 각인된 기분 좋은 느낌 때문이 아닌가 싶다. 내 마음을 고맙게 받아주고 내 노력을 기특하게 생각해준 장애인 분들과 봉사단체 회원들이 아니었으면 지금의 나도 없었으리라.

그때 나는 분명히 알았다. 내가 무엇을 할 때 행복할 수 있는 사람인지. 서른을 맞고 아이를 키우면서 내가 새로운 길을 찾을 때 가장 먼저 떠올린 것은 '나를 행복하게 하는 것이 무엇인가' 였다. 거기서 나의 새로운 일은 시작되었다.

● 매달 참석하고 있는 봉사활동 모임

아트상회 ● 김미애

순간순간
우연이 만들어낸 필연

예전엔 혼자라서 외롭고, 가난해서 무력한 줄 알았다. 하지만 가정을 이루고 먹고 살 만해진 지금도 나는 때때로 외롭고 무력감을 느낀다. 그때마다 구원의 동아줄을 찾듯 커뮤니티를 만들어 함께 고민하고 마음을 나누며 살아간다.

처음 찾은 인터넷 카페는 '자연주의 출산 가족모임'이었다. 결혼하고 2년 만에 아이가 생기면서 출산 정보를 얻을 겸 수시로 드나들었다. 첫아이를 가졌을 때 만감이 교차했다. 드디어 내게도 진짜 가정이 생기는구나 싶어 설레기도 하고 이 험한 세상에서 아이를 잘 키워낼 수 있을지 두렵고 불안하기도 했다. 다만 한 가지, 내 아이한테는 풍족하진 않아도 편안한 환경만은 꼭 만들어주고 싶었다. 자연주의 출산을 선택한 것도 아이가 세상과 처음 대면하는 순간부터 편안했으면 하는 바람에서였다. 그런데 편안한 아이로 키우고 싶은 내 바람과는 달리 아이는 유난히 예민했다. 아이 키우는 일은 만만치가 않았다. 어느 날인가 1시간이 넘도록 울음을 그치지 않는 아이를 두고 남편에게 전화를 걸어 소리쳤다.

"나 좀 살려줘. 나 더 이상 애 못 키우겠어. 진짜 못해먹겠다고."

놀라서 달려온 남편 앞에서 "내가 이러다 무슨 짓을 할지 모른다"며 서럽게 울었다.

한바탕 울고 나서 생각해보았다. 내가 보살핌을 받지 못해서인가. 아이가 나를 힘들게 하는 것이 아니라 아이를 있는 그대로 받아들이지 못하고 담담하게 대하지 못하는 나한테 문제가 있는 것은 아닐까. 나에겐 돌파구가 필요했다. 20대 때 봉사활동을 통해 외롭고 힘든 나날을 이겨냈듯 서른이 넘은 나에게 또 다른 뭔가가 절실했다.

팟캐스트 <엄마의 시간>의 김아트

자주 찾던 인터넷 카페 '자연주의 출산 가족모임' 멤버들한테 오프라인 모임을 제안했다. 한 달에 한 번 모임을 갖되 아이 얘기, 남편 얘기, 이유식 얘기, 시댁 얘기는 다 빼고 온전히 우리 얘기에만 집중하기로 작당했다. 아이 키우며 집에만 있던 엄마들이라 다들 대화가 통하는 '어른 사람'을 맹렬히 그리워하고 있었다. 놀이터에서 마주치는 엄마들하고는 나눌 수 없는 진짜 대화에 누구보다 허기져 있었다.

만나면 일분 일 초도 아까워 애가 탈 지경이었다. 이 아까운 시간을 그냥 흘려보내지 말고 우리 삶에 자양분으로 삼아보자며 6명의 멤버가 독서토론 모임을 시작했다. 그러다 우리끼리 해결 안 되는 궁금증이 생기면 외부 강사를 초빙해 강연을 듣기도 했다. 차츰 강연회 횟수가 늘면서 매번 각출하는 강사료가 부담되기 시작했을 때 우리 같은 모임을 지원해주는 사업을 찾아 나섰다.

마침 서울시에서 운영하는 마을공동체 미디어지원사업이 있었다. 마을공동체의 활성화를 목표로 마을미디어를 제작하거나 제작할 계획이 있는 모임에 활동비를 지원하는 사업이었다. 엄마들이 모여 독서토론하고 강연 듣고 하는 것보다 더 좋은 마을공동체 사업이 어디 있겠나 싶어 여러 차례 지원을 신청해 200만 원, 그 후엔 400만 원을 지원받아 강사료를 충당했다.

그렇게 2년 정도 꾸준히 모임을 갖다가 이참에 우리도 미디어를 만들어보자는 의견이 나왔다. 여성의 삶부터 결혼에 대한 담론, 미술치료, 일과 직장에 대한 고민, 육아문제에 이르기까지 강연을 듣거나 독서토론을 통해 쌓인 콘텐츠의 양이 상당했고 우리끼리만 소비하기엔 아깝다 싶을 만큼 질에 대한 자부심도 있었다.

회의를 거듭한 끝에 〈엄마의 시간〉이라는 제목의 팟캐스트로 의견이 모아졌다. 초보엄마들을 위한 콘텐츠를 만들되 역시 아이와 남편, 살림보다 엄마를 중심에 두고 비슷비슷한 고민과 고통 속에 살아가는 이 시대 엄마들을 위로하는 방송을 만들기로 했다. 그러곤 서울시 마을공동체 미디어지원사업을 통해 1,000만 원의 지원금도 따냈다. 전직 방송사 PD부터 작가, 라이프코칭 전문가, 마케터 등 꽤 전문 인력이 포진된 팟캐스트였다. 나는 디자인과 마케팅을 담당하는 '김아트'라는 닉네임으로 활동했다.

마침내 2016년 5월 '엄마라는 직업'을 주제로 첫 회를 시작했다. 매주 한 번씩 '엄마의 엄마', '엄마와 돈', '엄마의 여행', '그림책', '초보엄마 성장보고서' 등 다양한 주제를 다루면서 필요할 땐 외부 전문가를 출연시켰다.

아이를 떼어놓기도 싫고 아이가 떨어지려고도 하지 않아 내내 데리고 다니긴 했지만 아이와 단둘이 고립돼 있을 때와는 비교가 되지 않을 정도로 마음이 편안해졌다. 그러자 아이도 좀 여유를 갖고 돌볼 수 있게 되면서 차츰 초보엄마 티를 벗기 시작했다.

'맘껏콘서트' 포스터 작업으로 자신감 업

어느 날, 이 많은 청취자들과 얼굴 맞대고 얘기를 나누고 싶어졌다. 또 한 번의 작당모의를 통해 '맘껏콘서트'가 기획됐다. 콘서트 제목에는 '엄마'를 뜻하는 '맘'과 '마음대로 하라'는 뜻의 '맘껏'을 넣어 이중의 의미를 담았다. 그리고 다시 지원사업에 도전했다. 이번에는 한국콘텐츠진흥원과 문화체육관광부가 주관하는 '마이 리얼콘서트'의 아이디어 공모전이었다. 세 번의 심사를 거쳐 선정된 최종 4팀에게 콘서트를 열어주는 지원사업이었으므로 정말 치열하게 준비했다. 애들 재워놓고 밤새 온라인으로 회의하면서 PT 자료 만드는 나날이 이어진 끝에 최종 관문인 PT만 남겨둔 단계까지 올라갔다.

그리고 PT에 참석했는데 온통 파릇파릇한 대학생들 틈새에 아줌마

● 맘껏콘서트 포스터. 매진을 기록하며 성황리에 마무리 되었다.

라곤 우리가 유일했다. 아이들까지 데리고 와 갖은 눈총 받아가면서도 당당하게 PT를 했고 결국 최종 4팀에 선정되었다. 그다음은 내가 활약할 차례였다. 콘서트 포스터를 제출해야 할 일이 남아 있었다. 그런데 황당하게도 PT가 진행된 수요일로부터 고작 이틀 후인 금요일까지 포스터를 제출하라는 주최 측의 요구가 있었다.

멤버 가운데 한 사람이 아이와 함께 모델을 하기로 하고 머릿속에 구상한 모델 의상을 구하기 위해 친구들에게 SNS 메시지를 돌렸다. 클럽 다닐 때 입던 옷 사진을 찍어 보내라고. 그날 100장이 넘는 사진이 들어왔으나 건질 게 없었고 결국 직접 홍대 앞을 샅샅이 뒤져 찾아낸 검은색 민소매 원피스로 의상을 결정했다. 바로 다음 날 급하게 스튜디오를 잡고 콘셉트를 공유한 후 촬영, 그리고 바로 포스터 제작에 들어갔다. 여타 다른 콘서트와는 성격이 다르기에 최대한 심플한 디자인에 컬러는 한 가지로 통일했다. 그렇게 번갯불에 콩 구워 먹듯 만들어진 포스터는 다행히 반응이 좋았다. 그 외에 콘서트에 필요한 티켓, 리플릿, 배너 등 디자인 작업들을 모두 도맡아 처리했다.

2016년 8월 29일, 서울시청 시민청 바스락홀에서 열린 '맘껏콘서트'는 매진을 기록하며 성황리에 마무리됐다. 아이 키우며 힘들고 외로운 엄마들끼리 속 터놓고 대화 좀 하면서 살자고 만든 모임이 마치 나무가 자라 숲을 이루듯 차츰 사회적 영향력을 갖게 되는 과정이 신기하고 놀라웠다. 엄마가 엄마의 마음을 가장 잘 알기 때문에 그만큼 공감의 힘이 컸던 것이 아닐까 생각한다. 거기에 내가 가진 디자인 실력으로 할 수 있는 역할이 있다는 게 무엇보다 뿌듯했다.

2014년 전 국민의 마음을 아프게 한 세월호 참사가 있었을 때도 공감의 힘을 느낀 적 있다. 가만히 있을 수 없어 엄마들의 침묵시위를 주도하여 집회를 열기도 하고 세월호 관련 집회에 자주 참여하고 세월호 유가족을 돕는 기부 벼룩시장도 여는 등 세월호 가족과 연대하는 일이 늘었다. 덩달아 나의 도움이 필요한 일도 늘어났다. 디자이너라는 내 직업을 알게 된 세월호 관련단체에서 포스터, 리플릿 등을 도와달라고 할 때마다 기꺼이 힘을 보태곤 했다. 이상호 감독이 제작한 세월호 관련 영화 〈다이빙벨〉의 청소년 무료관람 포스터, '엄마라서 말할 수 있다' 카페의 〈다이빙벨〉 단체관람 포스터 등도 이런 인연으로 제작을 맡게 됐다.

● 단시간에 매진을 기록하며 성황리에 마무리된 맘껏콘서트

이대로도 괜찮아,
삶의 지도만 잃지 마

사람들은 스타트업과 사회적 기업이 주 거래처인 아트상회를 두고 큰돈 벌긴 힘들다고들 말한다. 애초 큰돈을 버는 것은 내 목표가 아니다. 돈을 많이 버는 것은 굳이 마다할 일이 아니지만 돈을 쫓아 일을 시작한 것이 아니었다. 돈을 쫓느라 삶의 목표가 흔들리지 않기를 바란다. 나는 돈 되는 일보다 내 도움을 필요로 하는 일에 더 가슴이 설렌다. 지금처럼만 지속 성장할 수 있으면 된다고 본다.

아트상회는 2016년 7월 사업자등록을 하며 본격적으로 시작되었다. 어떤 콘텐츠이건, 디자인 없이 시작할 수 있는 일은 아무것도 없다. 나를 알리려면 명함이 있어야 하고, 상품이 나오려면 로고와 제품디자인이 있어야 한다. 갈수록 비즈니스에서 디자인의 역할이 커지고 있다.

많은 영역에서 디자인 요소로 사람들의 눈길을 끌고 마음을 사로잡으려고 한다.

내 비즈니스는 처음이 어려워 주저하는 사람들의 손을 잡아주어 첫 걸음을 뗄 수 있게 도와주는 데서 시작되었다.

시작하는 사람들을 위해 존재한다

예상하고 기대했던 대로 아트상회의 첫 고객은 스타트업을 구상하는 구글 스타트업 캠퍼스 멤버들이었다. 그중에서도 가장 의미 있는 고객은 율립이었다. 유해성분 없는 립스틱 개발을 계획할 때부터 함께 콘셉트를 잡고 로고, 패키지, 단상자, 브로슈어 디자인까지 'ONE-STOP 디자인 총판'에 걸맞게 일을 하면서 정말 신명 났다. 무엇보다 원혜성 대표가 두 차례나 크라우드펀딩에 성공하는 모습을 지켜보며 함께 성장해나가는 파트너 기업으로서 보람도 맛봤다.

이쯤 되니 이젠 자료를 주지 않아도 디자인을 척척 만들어낼 수 있었다. 자신감은 따라왔다.

그로잉맘 이다랑 대표와는 엄마들의 감정노트를 만들었다. '엄마들의 감정'이라고 하니 이심전심 '마음껏 지랄하고 싶은 감정'이 첫째일 것 같아 표지 시안에 장난처럼 '질알노트'라는 제목을 달았다.

"마음껏 지랄하는 노트! 와 이거 대박인데요."

이 대표와 깔깔거리며 '질문하고 알아가는 노트'라는 풀이를 꿰맞춰 제작한 '질알노트'는 그로잉맘에서 여는 바자회 등 행사를 통해 주로 판매했는데 초판 1,000부를 다 팔고 다시 1,000부를 찍을 정도로 인기를 끌었다. 여기저기 붙여놓고 볼 때마다 한 번씩 웃으라고 맘딱지 스티커도 만들었다. 체 게바라 이미지에 '천 번을 빡쳐야 엄마가 된다'는 카피를 넣기도 하고 '너만 엄마 있냐 나도 엄마다', '자식세끼' 같은 스티커를 통해 엄마들의 소리 없는 아우성을 세상에 드러냈다. 이외에도 그로잉맘의 초기 디자인과 제품디자인들 역시 아트상회와 함께 탄생했다. 역시 구글 스타트업 캠퍼스 멤버인 김성 대표와도 긴밀한 협력관계를 맺고 있다. 김 대표의 사업체 중 하나인 아기용품수입회사 삐통의 로고와 이미지를 제작하고 김 대표는 삐통 온라인 매장을 통해 휴대전화 케이스, '질알노트', 맘딱지 스티커, '맛있게 먹으면 0kcal' 접시를 대행판매해주고 있다.

커뮤니티 기반으로 확보한 거래처만 100여 곳

창업할 때 가장 고민되는 부분이 홍보 및 마케팅이다. 수많은 업체들 사이에서 어떻게 알려야 하는지는 중요한 문제다. 그런데 내 경우에는 그간의 다양한 커뮤니티 활동으로 자연스럽게 그 문제가 해결되었다.

스타트업을 시작한 구글 스타트업 캠퍼스 멤버들에서 점점 거래처가 확장되어갔다. 지금까지 마케팅에 크게 신경 쓰지 않고도 온라인이나 오프라인 관계를 통해 100군데 넘는 거래처와 일하고 있다. 서울돈화문국악당, 서촌공간 서로 등 공연기획을 주로 하는 곳들과는 포스터와 공연관련 디자인작업들을. 발라드, 프리플 등의 업체와는 브랜딩작업을 함께 진행했다. 마더스밀크, 맘라이트 등의 사회적기업들과도 꾸

준히 함께 해오고 있다.

　이제 7살에 접어든 아이를 키우는 나는, 육아와 일, 그리고 나 자신의 균형을 맞춰가는 중이다. 보통 하루에 일하는 시간은 최대 5시간을 넘기지 않는다. 그 외에 시간을 쪼개어 새벽 독서와 새벽 수영을 한다. 아이가 하원하기 전까지 일을 하고 하원 후엔 철저히 아이와 시간을 보낸다. 여타 디자인회사에 비하면 일하는 시간이 턱없이 부족한 탓도 있지만, 재정이 넉넉지 못한 사회적 기업의 일을 많이 하면 수익이 줄기 때문에 월 매출은 일정치 않다. 스타트업 기업과 일할 때도 정부 지원금이 나오거나 크라우드펀딩이 끝날 때까지 결제를 기다리는 경우가 종종 있으므로 월 매출이 일정치 않기는 마찬가지다.

　그래도 창업 이후 지금까지 매출을 따져보니 월 평균 500~600만 원은 되는 것 같다. 재료비나 인건비 나갈 일이 없으므로 매출이 곧 순수익이 되는 셈이다. 내 손으로 애 키우면서 한 달에 100만 원만 벌면 좋겠다고 생각하던 시절과 비교하면 '용 됐다'는 생각도 든다. 매출이 넉넉한 달엔 대출금 상환 통장에 목돈을 넣어두고 남편한테 생색내는 재미도 있다.

　하고 싶은 일 좋아하는 일을 정직하게 하고 그게 돈이 된다는 게 얼마나 신이 나는 일인지, 내가 만족하는 삶을 이어나갈 정도의 성공이면 그것이 바른 길이 아닐까 싶다.

　내 삶을 잘 조직해서 내가 원하는 만큼 일하고 내가 원하는 만큼 돈을 벌 수 있다는 건 너무나 행복한 일이다. 그와 더불어 스몰비즈니스를 시작하는 사람들의 가려운 곳을 먼저 긁어주기도 하고. 그게 꼭 비즈니스로 이어지지 않더라도 함께 고민하고 그것을 디자인이라는 매체를 통해 키워내는 이 직업은 충분히 미래가치를 품고 있다고 생각한다.

아트상회를 시작한 후에도 여전히 나는 하고 싶은 일, 듣고 싶은 강의가 생길 때마다 뚝딱 모임을 만들어 실행에 옮기고 있다. 이런 나를 두고 누군가는 '커뮤니티의 여왕'이라고도 하고 또 누군가는 '마음 맞는 사람들끼리 소모임 만들어 연대하면서 사회적 힘을 기르고 목소리도 내는 요즘 트렌드에 딱 맞는 사람'이라고도 한다. 남편은 여전히 "참 피곤하게 사는 스타일"이라며 혀를 내두르지만.

앞으로 또 어떤 사람들과 어떤 일을 도모하게 될지 알 수 없지만 외롭지는 않을 것 같다. 디자인을 원하는 곳이 있으면 언제든 도움을 주고받으며 살아갈 것이기 때문이다.

● 책의 저자로 모두 함께 프로필 촬영을 하던 날

창업에서 빠질 수 없는
디자인의 중요성

어떤 업종으로 창업하든 디자인은 빠질 수 없는 중요한 사업 요소다. 그럼에도 많은 이들이 창업 아이템, 사업 계획서 작성, 사무실 위치, 자금 확보 등에 대해서는 치밀하게 오랜 시간 고민을 거듭하면서도 정작 디자인에 대해서는 간과하는 경우가 많다. 사업을 하자면 웹사이트, 명함, 배너, 상세페이지, 리플릿 등이 필요하고 디자인이 빠질 수 없다. 이것들을 통해 신생회사는 고객과 신뢰를 쌓아가고 수많은 상품들 중에서 사람들의 이목을 끌어야 하기 때문에 하나하나 신경 써서 만들어야 한다. 디자인은 단순히 시각적인 것을 넘어 문제를 어떻게 바라보는지와 이를 어떻게 해결하는지에 대한 생각까지 담고 있다.

사업을 진행하면서 가장 먼저 해결해야 하는 것이 기업 이미지로 불리는 CI(Corporate Identity)나 BI(Brand Identity)다. 내 콘텐츠를 가장 잘 설명할 수 있는 중요한 작업이기에 신중해야 하는데 비용 때문에 망설이는 경우가 많다. 디자인에 투자할 자금이 있다면 최상이겠지만 어렵다면 직접 로고 만들기 프로그램을 이용해보자.

사업비가 넉넉하다면 프리랜서 디자이너들이 모여 있는 사이트를 통해 디자이너를 직접 찾을 수도 있다. 다만, 산발적으로 디자인을 맡길 경우 전체적인 '톤 앤 매너'를 지키기 어려운 단점이 있다.

1. 로고 만들기 프로그램
www.logogenie.net
www.logoease.com
site.youidraw.com
www.freelogoservices.com

2. 마음에 맞는 디자이너 찾기

kmong.com
soomgo.com
www.otwojob.com
www.loud.kr

3. 커뮤니티 지원

http://www.seoulmaeul.org/ 서울시마을공동체종합지원센터
http://www.koreamaeul.org/ 한국마을지원센터연합
http://www.maeulmedia.org/ 서울마을미디어지원센터

엄마라서,
여성이라서

김형철 경일대학교 교수

"엄마, 사범대 동창 중에 교단에 서신 분과 그렇지 못한 분의 차이가 뭐였어요?"

"간단하지 뭐. 시엄마든 친정엄마든 애기 봐줄 사람이 있으면 교사를 할 수 있었고 아니면 못 했지."

교단에 설 기회를 얻지 못한 그녀는 어린 세 아들만 남겨놓고 먼저 세상을 떠난 남편 탓에 생계를 위해 오만 가지 일거리를 찾아 매일 집을 나섰다. 그녀 자신은 그럴듯한 명함 한 번 가져보지 못했다. 하지만 자식들에게는 생존, 안전, 소속감, 자존감, 그리고 자기실현의 기회를 마련해주려고 무던히도 애썼다. 어느덧 눈도 귀도 침침해진 그녀. 여전히 춥고 더운 날씨에 자식의 안부를 묻는 전화를 하고, 제3세계 신생아에게 보낼 털모자를 뜨고, 인문학 강좌에 10년째 다니고, 자신의 옷을 리폼해서 기부한다. 엄마였기 때문에 특별한 무언가를 할 수 없었던 엄마, 그러나 '엄마'라는 정체성은 여전하다. 그 누군가를 위해 가치 있는 일을 하는 '엄마라는 명함'은 세월이 흘러도 빛을 잃지 않는다.

그들은 본래 창조자다. 지구상 인류 중에 엄마가 만들지 않은 자식이 있던가. 그러나 돌아보면 인류는 그들에게 참으로 가혹한 멍에를 씌웠다. 누군가의 딸로 태어나 소녀, 여학생, 여직원, 아내, 주부, 엄마, 아줌마, 할머니로 살아가는 여성들은 지금껏 약자이길 강요당했다. 누구보다 많이 참고 헌신해야 하며, 희생하고 양보해야 한다는 강요된 '여성성'의 감옥에서 기회를 빼앗기고 제한받았다. 무엇보다 여성을 '엄마'라는 한정된 역할에 묶어놓는 시선이 가장 큰 제약이다. '엄마'는 인류의 역사에서 가장 고되고 오래되었음에도, 그 처지가 별로 나아지지 않은 직업이다.

이제 여성이기 때문에, 엄마이기 때문에 갖게 된 삶의 제약조건이 빛을 발하는 시대에 들어서고 있다. 사회적 약자의 위치에서 보는 시선, 연대와 공감, 그들은 협업의 달인이다. 위험에 대한 예민함과 꼼꼼함, 그들은 비판적 사고의 전문가다. 부드러운 포용과 다정한 질문, 끝없이 이어지는 수다와 토론에서 태어나는 아이디어, 그들은 소통과 창의적 혁신의 엔진이다. 결과보다 과정을 기억해주는 '애썼다'는 칭찬, 기꺼운 동의, 그들은 상대의 자신감을 높여주는 천재다. 스스로 손발을 걷어붙이는 자발성, 직접 몸으로 겪으며 생겨난 수많은 이야기와 삶의 레시피들, 그들 한 명 한 명이 위대한 이야기꾼이다.

하나의 직업이던 '엄마'가 다양한 창업, 창직의 출발점이 되면 좋겠다. 여성 창업·엄마 창업의 빅뱅이 21세기의 사건으로 기록되면 좋겠다. 안전하고, 연대하고, 존중하고, 자아실현을 돕는 수많은 '엄마'의 시대가 끝내 이 세상을 구원하면 좋겠다.

N잡 전성시대, 나는야 엔잡러

내가 곧 직장이 되어
원하는 삶을
살아야 한다.
이를 위한
준비는 빠를수록
좋다.

홍순성의 《나는 1인 기업가다》 중에서

김성
강연 매니지먼트&번역회사 코코아그룹 대표/아기용품수입회사 삐통(PETON) 대표

왜 직업이
하나여야 해?

바야흐로 지금은 엔잡러 시대.
엔잡러는 두 개 이상의 직업이나 소속을 추구하며
새로운 형태로 근무하는 이들을 뜻한다.
대학 졸업 후 직장생활을 하다 출산휴가를 받았다.
잠깐 아이를 키우고 복직하기를 바랐으나 뜻대로 되지 않았다.
육아만 하면서 살고 싶지 않아 열심히 일을 구하고,
일을 만들었을 뿐인데 어느 순간 엔잡러가 되어 있었다.
강연 에이전시와 번역 에이전시, 아기용품을 수입해
온라인 사이트에서 판매하는 일까지 동시에 세 가지 직업을 갖고 있다.
처음엔 하나도 어려울 것 같았는데 어느덧 네 번째 직업을 구상하고 있다.
두 아이를 키우면서 엔잡러로 살아가는 지금의 내 모습이 무척 만족스럽다.

내 삶의 고용주는 나!

8

눈을 채 뜨기도 전에 머릿속이 바쁘게 돌아가기 시작한다. 곧 오늘 처리해야 할 일들이 하나하나 떠오르면서 무겁던 눈꺼풀이 저절로 밀려 올라간다. 아침 6시. 그대로 누워 휴대전화로 환율부터 살피고 메일함과 삐톤PETON 사이트를 열어 업무 메일과 주문 사항을 확인한다.

더는 뭉그적거릴 시간이 없다. 아이들이 깨면 등원하는 시간까지는 일을 하지 못한다. 아이들이 깨기 전에 급한 일은 처리해야 한다. 벌떡 일어나 아이들이 '엄마 일하는 방'이라 부르는 서재로 건너가 컴퓨터를 연다. 미국과 호주에서 보내온 번역 스크립트를 내려 받아 오탈자를 체크한 다음 포맷에 맞게 편집해 고객사에 보내는 일부터 처리한다. 이어서 삐통 사이트에 접속해 택배 보낼 제품과 수량을 확인하고 재고 물량이 빠듯한 제품은 미국 본사에 주문을 넣는다.

그사이 일어난 아이들을 먹이고 씻기고 입혀 등원시키고 나면 10시. 그때부터 본격적으로 바빠지는 시간이다. 며칠 앞으로 다가온 강연이 차질 없이 준비되고 있는지 주최 측에 확인하고 강연자에게도 메시지로 진행사항을 알려준다. 틈틈이 택배 포장해 발송하고 사이트나 인스타그램으로 온 문의들을 응대하고 고객 반응도 살핀다.

그러곤 강연 요청 메일을 하나씩 열어 응하기 어려운 요청에는 양해를 구하는 답변을 보내고 진행할 수 있는 요청에는 메일이나 전화

● 자유롭지만 능동적인 엔잡러의 삶을 선택하다.

코코아그룹 ● 김성

를 걸어 강연 방향을 의논한다. 강연 주제에 따라 강연자를 매칭하고 날짜와 장소, 참석인원, 강연료 등을 조정하고 합의해야 할 여러 과정을 하나씩 처리하다 보면 어느새 하루가 훌쩍 지나간다. 평일은 단 하루도 비는 날 없이 업무계획으로 빽빽한 휴대전화의 스케줄러를 열어 혹 놓친 일이 없는지 체크하고 나면 그제야 기분 좋은 피로감이 밀려든다.

요즘 말로 '엔잡러'로 살아가는 나의 일상이다. 엔잡러는 여러 수를 뜻하는 'N'과 직업을 뜻하는 '잡^{job}'을 합친 신조어로 여러 개의 직업을 가진 사람을 가리킨다. 평생직장이나 평생 직업이라는 개념이 사라지면서 N잡은 하나의 트렌드로 자리 잡았다. 근무시간과 형태가 다양한 스타트업이나 고용 형태의 변화로 엔잡러는 갈수록 늘어날 전망이라고 한다.

세 가지 직업을 저글링하다

"폰! 폰 좀 줘."

"전화는 왜? 오늘도 일을 해야 해?"

둘째를 출산하자마자 부축 받아 병실 침대에 누워 남편에게 휴대전화부터 달라고 졸랐다. 아침 6시가 훌쩍 지난 시각이었다. 둘째 아이라 진통이 길진 않았어도 몸은 녹초가 된 상태였다. 그래도 메일함을 열어보지 않고 편히 잠들 자신이 없었다. 예상대로 밤사이 수십 통의 메일이 도착해 있었다. 한숨 자고 나서 처리해도 될 일과 당장 해야 할 일을 눈으로 재빨리 체크했다. 급하게 확인해야 할 번역 관련 문의가 있었다.

'오클랜드가 지금 몇 시더라.'

휴대전화에 저장된 10개국 시간표 가운데 뉴질랜드 시간을 확인하고는 오클랜드에 거주하는 번역가와 메시지를 주고받았다. 어느 정도 이야기가 정리되자 그제야 스르르 졸음이 몰려왔다. 둘째를 낳는 날까지 일을 하다니. 지금 생각해도 내가 참 독하구나 하는 생각이 들지만 그날 3.2킬로그램으로 태어난 갓난아기를 보며 내가 일을 계속하려면 더욱더 강해져야겠구나 하고 다짐하며 둘째와 첫날을 보냈다.

그럼에도 다행이라면 첫째를 낳을 때와는 다른 고민을 하고 있다는 것이다. 첫째 때는 육아휴직을 그만두고 복직을 할지 아니면 퇴사할지를 놓고 저울질하느라 출산하러 가는 날 아침까지도 고민에 휩싸였다. 출산을 앞둔 모든 엄마들이 그렇겠지만 나 역시 그 어떤 선택에도 온전히 확신이 들지 않았기 때문이다. 그러나 둘째를 낳을 때는 달랐다. 더는 일과 육아를 두고 고민하지 않아도 되었다. 강연 에이전시와 번역회사, 아기용품 수입사까지 세 개의 회사를 운영하느라 늘 숨 가쁜 일상을 살지만 모두 내가 조정하고 조율할 수 있는 1인 기업이고, 육아도 병행할 수 있다. 회사원이던 시절엔 퇴사하면 더 이상 일을 못 하게 되리라는 막막함과 두려움이 늘 깔려 있었다. 그래서 육아휴직 후에 복직이 되기를 간절히 바랐지만 오히려 퇴사를 결정하면서 기회가 되었다. 위기危機의 한자를 보면 기회를 포함하고 있다더니 정말 그랬다. 퇴사 후 간절함과 절박함이 새로운 일을 시작할 동기가 되었고 더 많은 일과 직업을 만들어 주었다. 하나의 직업이 또 다른 직업을 만드는 기회가 되고, 두 번째 직업까지 생기고 나니 세 번째 직업을 만드는 데 두려움이 없어졌다. 나는 현재 강연 매니지먼트에서 번역 에이전시, 아기용품을 수입해 온라인 사이트에서 판매하는 일까지 동시에 세 가지 일을 하며 멀티플레이어로 살고 있다. 경단녀로 남기 싫어 스스로 워킹맘의 길을 찾다 보니 어느덧 엔잡러가 되었다.

● 눈물겹게 노력했던 직장인 시절 모습

평생직장,
평생 직업은 없다

     스무 살이 되도록 나는 서울에 올라와 본 적이 없다. 지방 소도시의 넉넉지 못한 가정에서 자랐다. 답답한 소도시를 벗어나 서울로 가는 것이 어린 시절 내 꿈이었다. 드라마 〈마지막 승부〉의 주인공처럼 서울에 있는 대학교에 다니며 옆구리에 책을 끼고 캠퍼스를 누비는 모습, 졸업 후 회사 출입증을 목에 걸고 수많은 빌딩 숲 사이를 거니는 모습을 상상하며 그 시절을 버텼다. 한 손에 커피를 들고 셔츠 소매를 말아 올린 채 바쁘게 일하는 회사원이 되기를 소망했다. 평범한 화이트칼라가 되는 것이 시골소녀에게는 이루기 어려워 보이는, 그러나 꼭 이루고 싶은 꿈이었다.

  꿈을 이루기 위해 어렵사리 서울에 있는 대학에 오는 것까지는 간신히 이뤄냈다. 대학등록비나 서울에서의 집값은 내가 오롯이 해결해야 할 큰 짐이었기에 삶은 늘 궁핍했다. 대학생활 내내 아르바이트를 했다. 해보지 않은 아르바이트가 없을 정도여서 빨리 졸업해서 직장인이 되고 싶었다.

인생이 어디 마음먹은 대로 굴러가던가. 졸업을 앞둔 그해 5월 결혼을 하게 되었다. 졸업하고 1~2년 직장생활을 하다가 결혼하자고 둘이서 약속도 했지만 사정이 생기는 바람에 취업을 미룬 채 일단 결혼 먼저 하게 되었다.

꿈을 포기한 건 아니었다.

'결혼하고 취업하지 뭐.'

정신없이 결혼할 당시만 해도 결혼과 취업의 순서만 뒤바뀔 뿐이라고 단순하게 생각했다. 그러곤 취업 준비에 박차를 가했다. 취업준비생들 모임에 들어가 영어 스터디도 하고 서울시에서 주관하는 무역서포터즈 교육 프로그램에도 참여했으며 매달 토익시험을 치러 토익점수도 상위권으로 관리했다.

하지만 그렇지 않아도 험난한 취업전선에서 기혼 여성이, 그것도 임신 가능성까지 있는 여성이 얼마나 매력 없는 입사지원자인지를 깨닫는 데는 그리 오래 걸리지 않았다. 입사지원서에 기혼임을 밝히면 아예 서류전형조차 통과하지 못했다. 결혼 사실을 군이 밝히지 않은 경우에만 서류전형을 통과해 최종면접까지 간 적이 몇 번 있으나 주민등록등본을 제출하는 순간 불합격 통보를 받기 일쑤였다.

그렇게 1년 가까이 취업을 위해 안간힘을 썼다. 서류를 넣은 회사는 셀 수도 없고 면접을 본 회사만 100곳이 넘었다. 서울과 수도권 일대의 웬만한 오피스 가는 가보지 않은 곳이 없고 면접용으로 산 정장은 닳아서 광이 날 지경이었다. 평범한 회사원이 꼭 되고 싶었던 내 꿈을 잘 아는 남편은 별 말 없이 기다려주었지만 오히려 주변에서 걱정하며 건네는 한마디가 상처를 주곤 했다.

"요즘은 취집이 꿈인 사람도 많다던데, 취업하지 말고 집에서 쉬어~."

● 육아와 여러 일을 병행하느라 늦은 시간까지 켜져 있는 작업 공간

코코아그룹 ● 김성

"차라리 이참에 애를 낳는 게 낫지 않아?"

신혼생활이 몹시 달콤했으므로 이대로 안주해버릴까, 잠시 흔들리기도 했다. 하지만 취업 한 번 못 해본 채 아이를 낳으면 앞으로도 영영 기회가 없을 것 같았다. 집에서 살림하고 아이 키우면서 사는 것도 보람 있는 일이겠으나 내가 행복할 삶은 아니었다. 더욱 이를 악물고 취업에 도전했다. 그리고 마침내 마지막이라는 각오로 지원한 회사로부터 합격통보를 받았다. 취업 준비를 한 지 거의 1년 만이었다. 그건 입사 후 3년간은 아이를 갖지 않을 거라는 내 계획을 듣고 내려진 결정이었다.

창업에 필요한 것들을 배운 3년

일본에서 꽤 유명한 브랜드를 수입하는 중견 무역회사였고 나는 본사와 무역 업무를 처리하는 부서에 배치됐다. 모든 업무를 영어로 처리해야 하는 부서였다. 출근 첫날, 꿈에 그리던 대로 한껏 멋을 내고 출근했다. 나도 이제 강남 거리를 활보하는 멋진 커리어우먼이라고 생각하니 저절로 등이 꼿꼿해지는 느낌이었다.

뿌듯함도 잠시 업무는 녹록치 않았다. 영어가 차지하는 비중이 높아서 영어공부를 다시 했다. 새벽반 영어수업을 듣기도 하고, 비즈니스 영문 편지 관련 책을 달달 외우기도 했다. 게다가 처음 접해 보는 무역 용어들은 어찌나 낯설고 어려운지, 무역 업무는 또 왜 이리 복잡한지, 한 치의 실수도 용납하지 않는 일들이어서 상사에게 혹독하게 혼이 나면서 배웠다. 배울 것도 알아야 할 것도 많은 회사생활이었는데 지금 생각해 보면 소통하는 법, 영어 공부, 메일 쓰기 등 창업에 필요한 것들을 그때 배웠던 것 같다.

어렵게 들어간 만큼 힘들다고 쉽게 포기할 수 없었다. 함께 입사한 동기가 못 버티고 그만둘 때 부러운 마음이 일기도 했지만 정말 그만둘 마음은 없었다. 마음이 약해질 때마다 '어떻게 구한 직장인데'를 되뇌며 마음을 다잡았다. 적어도 대리 직급은 달고 나가야 이직할 가능성이 있다고 생각했다.

그렇게 3년을 버텼다. 어느덧 승진을 해서 새로운 명함을 팠고, 업무들도 제법 익어 일하는 것이 나름 즐겁고 보람 있었다. 매달매달 들어오는 월급이 쌓여 남편과 신혼살림을 늘리고, 종종 해외여행을 가며 대학 시절까지 겪었던 부족함과는 거리가 먼 풍족한 일상이 행복으로 다가왔다. 다만 3년간 미뤄온 임신이 슬슬 고민으로 떠오른 것 외에는. 아이를 가지면 일하기 어렵지 않을까 하는 두려움과 엄마가 되고 싶다는 마음이 뒤섞여 퇴근길 머릿속이 복잡해지고 있었다. 고민하던 중에 아이가 생겼다.

아이를 가진 기쁨은 말로 다 표현할 수 없다. 소중한 생명이 내 안에서 자란다는 사실은 경이로움 그 자체였다. 그러나 이내 현실적인 고민이 앞섰다.

"앞으로 회사생활은 어떻게 하지?"

1년간 육아휴직하기로 하고 임신 9개월까지 출근을 이어나갔다. 이제야 일이 손에 익었는데 후임자에게 설명하려니 만감이 교차했다. 지하철을 세 번 갈아타야 하는 편도 1시간의 출근길을 만삭의 몸으로 뒤

뚱뒤뚱 다니면서도 만약 내가 복직하지 못한다면 이 출근길조차 그립겠구나, 하는 생각에 최선을 다해 회사생활을 마무리했다. 지금 생각해보면 마치 돌아오지 못할 것을 알고 있었던 것 같기도 하다.

육아휴직 기간에도 계속 고민했다. 현실적으로 복직은 어렵지만 다시 일하고 싶었다. 아이도 내 손으로 키우고 싶고 일도 하고 싶고. 두 마리 토끼를 손에 쥐고 이러지도 저러지도 못한 채 고민만 깊어갔다.

조언을 구하려고 주위를 봐도 갑갑한 사례가 많았다. 바이올린을 전공하고 대학원까지 나온 친구도 결국 아이 낳고 집에 있었고 대기업에 취업해 결혼 따위는 하지 않을 것처럼 신나게 살던 후배도 아이 낳고 퇴사했다는 연락이 왔다. 친정이나 시댁에 아이 맡기고 복직한 친구들도 온통 "힘들다", "아이한테 미안하다"고 하는 것을 보면 어떤 선택을 해도 만족스러울 것 같지 않았다.

해보고 후회하는 편이 낫다고 생각하는 편이라 일단 복직하기로 결심했다. 복직을 1주일 앞두고, 이사한 집에서 회사 가는 길도 익힐 겸 그사이 바뀐 직원들과 인사도 할 겸 회사를 찾아갔다. 반갑게 맞아 주리라 예상했던 상무의 얼굴에 웃음기가 없었다. 잠시 방으로 들어오라 하더니 난감하게도 그전에 했던 업무와는 아무 상관없는 a/s 센터직을 권했다. 정시에 퇴근할 수 있고 일이 편하다고 하지만 a/s 업무라니 부당발령이 따로 없었다. 이미 내 자리는 누군가로 채워졌고, 회사에서는 이야기가 다 끝난 듯했다.

1년 가까이 밤잠 설쳐가며 복직과 퇴사 사이에서 고민하고 등하원 도우미 구하고 집까지 옮겨가며 복직을 준비한 시간이 물거품이 됐다.

복직에 들인 노력이 있지만 그럼에도 더는 다닐 이유가 없었다.

좋은 직장에 취업만 하면 더는 바랄 게 없을 것 같지만 평생 직장은 커녕 육아휴직마저 불이익으로 돌아오는 구조적 모순 앞에 좌절을 겪어야 했다. 비단 나만의 사례는 아닐 것이다. 그 혹독하고 불안한 취업 전선에 다시 나서느니 내가 나를 고용하는 길을 선택하는 것은 어떨까. 직장을 다니면 언젠가 다시 이런 고민을 해야 하고 회사에서 밀려나야 할 텐데 이제 복직이 아닌 창직을 해봐야겠다고, 내 커리어의 노선을 바꿔보기로 했다.

● 책 출간을 위한 첫 모임

코코아그룹 ● 김성

내 삶의
주인공으로 산다

8

경력단절 여성, 그게 내 이야기가 되는 걸까. 한동안 잠을 이루지 못했다. 자연스럽게 출근하지 않고도 할 수 있는 일에 관심이 쏠렸다. 프리랜서로 일을 하거나 창업하는 방법이었는데 나는 어느 쪽에도 재능이 없었다. 디자인이나 피아노처럼 프리랜서를 할 수 있는 전공도 아니었고 창업할 만큼 독창적인 아이디어나 자금력도 없었다. SNS를 이용해 소자본으로 창업한 주부들의 사이트를 기웃거렸지만 하나같이 손재주가 있거나 한 분야에 관심이 많아야 가능한 아이템뿐이었다.

번역회사 아르바이트에서 인수까지

　복직이 엎어지면서 여기저기에 일하고 싶으니 일자리 있으면 연결해달라고 얘기하고 다녔다. 그런 이유였을까, 마침 사정이 생겨 해외에 나가게 된 지인이 자신이 운영하던 번역회사를 도와줄 수 있겠냐고 연락이 왔다. 오랫동안 나가 있을 예정이라 한국에서 도와줄 사람이 필요하다고 했다. 일자리를 찾던 내 입장에서 마다할 이유가 없었다. 더구나 회사 다니는 동안 애써 배운 영어를 써먹을 수 있으니 흔쾌히 수락했다. 중간 관리업무를 하면서 번역료에서 몇 %의 수수료를 받는 식으로 일하기로 했다. 집에서도 충분히 할 수 있는 일이었고, 프로젝트 성격을 띠어 일이 있을 때마다 해도 되니 특별히 부담이 될 것 같지 않았다. 이미 거래처도, 프리랜서 번역가들도 확보돼 있었으므로 나는 관리만 잘하면 되었다. 거래처의 대부분은 해외의 리서치회사로

● 자유롭지만 능동적인 엔잡러의 삶을 선택하다.

코코아그룹 ● 김성

마케팅 조사나 여론조사 관련 번역이 많았다. 신제품 출시 전에 시장 조사 보고서나 잠재고객 인터뷰 파일을 리서치회사로부터 넘겨받아 번역가들에게 나눠주고 번역이 끝나면 검토 후 리서치회사로 넘겨주는 것이 주 업무였다.

한 번씩 번역 프로젝트가 생기면 온 신경을 쏟아서 일했다. 그때 첫 아이가 막 기어 다니고, 이유식을 시작해 정신없을 무렵이었지만 아이가 낮잠 자는 동안 노트북을 열어 일하고 있으면 그 자체로 육아 스트레스가 날아갔다. 집에서 육아만 할 때는 세상과 단절된 느낌 때문에 외롭기도 하고 서글프기도 했지만 일을 하자 해소되었다. 이따금 한 프로젝트가 끝나면 통장에 입금된 돈으로 커피 한 잔이라도 당당하게 사 마실 수 있다는 사실에 뿌듯함도 밀려왔다.

얼마를 벌고, 어디서 일하고, 무슨 일을 하느냐보다 그 당시에는 내가 육아 말고 뭐라도 하고 있다는 그 자체, 스스로 돈을 번다는 사실만으로도 바닥을 긁던 자존감이 조금씩 회복되는 것 같았다. 한 번 성취감을 맛보자 더욱더 일하고 싶은 욕망이 생겼다.

그러다 지인의 다른 사업을 본격적으로 확장하면서 번역회사를 더는 운영하기 어려운 상황이 되었고 자연스럽게 내가 인수까지 하게 되었다. 스스로 창업한 회사는 아니지만 내 생애 처음으로 내 회사가 생겼다. 진짜로 내 회사가 되고 나니 생각보다 할 일이 많아졌는데 업무지시를 하는 상사도, 의논하고 고민을 나눌 동료도, 정해진 출퇴근 시간도 없는 사무실은 쉽게 적응이 되지 않았다. 짜인 틀 안에서 내게 맡겨진 범주만큼만 책임지면 되는 일을 하다가 전반적인 운영의 과정을 챙기고 책임져야 하는 일을 하다 보니 조수석에만 앉아 있다가 운전석에 앉은 기분이었다. 주도적으로 일할 수 있고 자율성이 보장되니 부담감과 책임감이 큰 만큼 직장인일 때는 몰랐던 일하는 재미가 있었다. 내가 주도적으로 운영해볼 수 있다는 생각에 가슴이 설렜다.

인수를 받은 직후부터 많은 프로젝트가 들어왔다. 식사를 챙길 겨를도 없이 일만 해야 했다. 수유를 하면서도 이메일을 보내고 낮잠 자는 아이 곁에 누워서도 수시로 메신저를 확인했다. 번역가들이 미국, 호주, 영국, 뉴질랜드 등지에 살다 보니 번역 의뢰업체나 번역가들과 긴밀하게 연락을 주고받으려면 24시간 메일과 전화 연락에 신경을 곤두세울 수밖에 없었다. 새벽에 아이가 깨서 울면 수유를 하고, 나는 그참에 일어나 메일을 확인하는 게 습관이 되었다.

주로 거래처들이 유럽에 있다 보니 밤에 컨퍼런스콜을 하는 날도 많았는데, 남편이 회식이라도 하는 날엔 아이를 들쳐 업고 헤드셋을 낀 채 컨퍼런스를 하기도 했다.

번역에이전시의 주된 일은 번역가의 관리다. 함께 일하던 대학원생이나 유학생들이 좋은 직장을 찾아 떠나고, 최근에는 엄마 번역가들만 남았다. 번역이 프리랜서 직업이다 보니 불안정하기 때문이다. 같은 엄마로서 엄마 번역가들의 고충을 누구보다 잘 이해하고, 서로 어려울 때 도와가며 관계를 유지해나가고 있다.

7년간 같이 일하면서 나와 임신과 출산을 비슷하게 경험한 번역가도 있다. 그녀는 약사로 일하다가 그만두고 번역과 본인이 하고 싶은 옷 디자인 일을 병행하고 있다. 최근에는 호주에 온라인 핸드메이드

옷 판매 사이트를 열었다. 약사를 포기한 게 아깝지 않냐는 물음에 육아와 병행할 수 있어서 행복하다는 그녀를 보면서 힘을 많이 얻었다.

내가 앞으로 얼마나 고용을 창출할 수 있을지 모르겠지만 엄마들과 연대하며 함께 상생할 수 있는 회사로 꾸려나가고 싶다.

강연 매니저까지 두 개의 직업을 갖다

그즈음 아는 선배가 급하게 도와달라고 요청해왔다. 프리랜서 강연자로 활동하는데 강연 요청이 많아 매니저를 두 명이나 두고 있었다. 그런데 두 사람 모두 갑자기 일을 그만둘 사정이 생겼다는 것이다.

솔깃한 제안이지만 망설여졌다. 번역회사에 강연 매니저 일까지 할 수 있을까 염려가 되기도 했고 선배와 일하다가 갈등이라도 겪으면 괜히 인간관계에 문제라도 생길까봐 겁이 났다. 게다가 두 가지 일을 하면 이제 완전히 프리랜서로 전향하는 셈이 되어 취직할 기회가 희박해질 것이 분명했기 때문이다. 회사생활에 대한 미련을 정리하고 새로운 능력이 요구되는 일을 도전해야 했다. 과연 내가 할 수 있을까?

선배의 제안을 받아들이고 강연 매니저에 도전해보기로 했다.

업무의 대부분은 전화통화로 이뤄졌다. 강연 의뢰가 오면 얼굴 한 번 본 적 없는 불특정 다수와 전화로만 의견을 조율하고 설득하고 때론 거절도 해야 하는 일을 하루에도 수십 건씩 처리했다. 지금은 어느 누구와도 능숙하게 통화할 정도로 단련됐지만 초기엔 통화할 때마다 걱정되고 힘들었다. 다행히도 첫 회사생활과 번역회사의 경험들이 각각에서 또 다른 방식으로 도움이 되었다. 그렇게 어렵던 비즈니스 영어와 필수였던 엑셀의 많은 함수들, 전화 받는 예절 등 사소한 것조차 도움되지 않는 게 없었다. 만약 내가 그런 준비가 없었다면 이런 기회들이 왔을까, 혹은 잘 해냈을까, 하는 생각이 자주 들었다. 스케줄 관리, 여러 기관과 강연료 협의를 수화기 너머 사람들과 척척 해내고 세금계산서 발행, 회계 처리, 태어나 처음 보는 여러 종류의 문서를 작성하는 것까지 해내며 나는 점차 강연 매니저로 자리 잡아갔다.

● 아이를 무릎에 앉히고 일해야 했던 때도 있었지만 지금은 그것도 추억이 되었다.

코코아그룹 ● 김성

내 일은
내가 만든다

8

일도, 육아도 안정기에 접어들던 무렵 선배가 갑자기 강연을 줄이고 다른 일에 집중하겠다고 했다. 강연이 줄어들면 당연히 내 일도, 내 수입도 줄어들게 되어 있었다. 갑작스럽게 위기가 찾아온 것이다. 3년 넘게 일하면서 쌓아온 인맥과 노하우, 시스템을 포기하기는 아까웠다. 이참에 강연 에이전시를 차려보기로 했다. 경험을 살려 선배와 같은 강연업계에 매니저 없이 일하는 강사들에게 일정한 수수료를 받고 매니저 업무를 보조한다면, 더 많은 강연자들과 일하며 내 일의 수입 규모를 키울 수 있을 것 같았다.

연예인들은 보편적으로 매니저를 두고 일하지만 강연자들에게 매니저는 웬만한 유명 강사가 아니고는 아직까지 부담스러워하는 분위기다. 그런데 월급을 받는 전담 매니저가 아닌 강연 건별로 수수료를 받는 개념이라면 강사들도 부담이 적고 나 역시 내가 가진 노하우와 업무력으로 다양한 분들과 일할 수 있는 새로운 직업이 될 것 같았다. 어찌 보면 단순히 창업을 넘어 창직이 될 만한 기회였다.

못할 이유도 주저할 이유도 없다. 까짓것, 한번 해보자.

강연 매니지먼트 회사 설립, 프리랜서에서 창업가로

강연 매니지먼트 회사를 차리고 많은 강연자들을 만나 내 사업을 홍보했다. 그동안 매니저 일을 하며 인연을 맺었던 여러 기관에도 홍보를 함 강연자가 필요하면 연락하라고 했다.

강연 요청이 많아 매니저 없이 소화하기 힘든 강연자, 강연료 협의가 힘겨운 강연자, 더 많은 강연 기회를 잡고 싶은데 방법을 모르는 초보 강연자 등 여기저기 네트워킹으로 많은 강연자를 모을 수 있었다.

역으로 기관이나 학교에서 주제에 맞는 강연자를 찾을 때 적절한 분으로 추천하기도 한다. 성심성의껏 소개하고 결과가 성공적이면 입소문이 나듯 그 기관이 다른 기관을 소개해주어 자연스레 네트워킹이 넓어졌다.

그 결과 대학, 기업, 백화점 문화센터 등 고정적으로 강연자를 연결시켜주는 곳들이 늘어났다. 지금은 비교적 안정적인 궤도에 올랐다. 여기에 안주하지 않고 지속적으로 새로운 강연자들을 주시하고 강연 수요가 있는 많은 기관과 업체에도 자사 홍보를 적극적으로 하고 있다.

가끔씩 좋은 강연자를 추천하고 강연이 너무 좋았다는 피드백을 받을 때면 이 사회에 선한 영향력이 퍼지는 데 일조한 것 같아 보람이 느껴진다. 지금은 좋은 강연자를 발굴하고 연결하는 데 더욱 전문성을 가진 강연 매니지먼트 회사를 꿈꾼다.

"내가 수입해서 팔아볼까?"

강연 매니지먼트 회사와 번역에이전시가 어느 정도 균형을 맞춰서 안정적으로 돌아가기 시작했다. 수입 면에서도 두 회사가 성수기와 비수기가 적절히 교차해 수입 그래프가 안정적이었다. 안정적임에도 뭔가 불안했다. 과연 내가 잘하고 있는지, 어떻게 하면 여기서 한 번 더 도약할 수 있을지, 이따금 부딪히는 많은 위기와 고민들은 어떻게 해결해나갈지….

몇 년간 혼자서 일을 만들고 꾸리면서 마주한 나의 부족한 부분을 어떻게 채워야 할지가 가장 큰 고민이었다. 그렇게 슬럼프에 빠져 있던 나에게 누군가 '엄마를 위한 구글캠퍼스'를 알려주었다. 완전히 나를 위한 프로그램이었다.

9주간 예비/현 엄마 창업가들에게 창업에 필요한 교육을 제공한다는 것이다. 그것도 무상으로. 주저하지 않고 신청서를 냈다. 요즘 입사할 때 블라인드 테스트를 하듯 구글 스타트업 캠퍼스도 나이, 사진, 현재 직업 등 선입견을 가질 수 있는 정보를 일절 요구하지 않고 대신 '엄마를 위한 캠퍼스'에 어떻게 기여할 수 있는지를 물었다. 내가 기여할 수 있는 부분은 명확했다. 프로그램 참가자들에게 도움이 될 만한 강연을 기획하고 진행할 수 있다는 점과 번역 서비스를 제공할 수 있다는 점을 강조했더니 합격자 명단에 포함됐다.

9주간의 프로그램은 대학에서 벤처창업학을 공부할 때보다 훨씬 실용적이고 알찼다. 투자받아 창업하는 스타트업의 정석에만 초점을 맞추거나 몇 억씩 투자받았다는 거물급 창업가의 강의를 들을 때면 괴리감이 느껴졌지만 나 혼자서 꾸리던 회사에서는 도무지 캐치할 수 없던 많은 실질적 이론을 배울 수 있었다. 게다가 나처럼 혼자서 끙끙 앓고 살아왔던 많은 엄마 창업가들을 만났을 땐 처음으로 동료가 생긴 기분이었다.

9주간의 과정은 각자의 사업 아이템에 대한 타당성을 검토하고 실행 방법을 배우면서 마지막으로 모의피칭을 하는 것으로 끝이 났다. 나는 사실 내가 하고 있는 사업을 가지고 피칭까지 했지만 머릿속에는 아이템이 따로 있었다. 아기 양말을 직수입해 온라인으로 파는 것이다. 유아용품을 해외직구로 주로 사는 편이라 해외 사이트를 돌아다니다가 완전히 반해버린 아기 양말을 파는 미국 사이트가 있었다. 신발을 신은 것처럼 도톰하게 모양을 넣은 디자인이어서 예쁘기도 하고 신발을 신기지 못하는 유아용으로 딱 좋아 내 아이들을 위해서 사기도 하고 주변 출산 선물용으로 사기도 했다. 가격대가 6켤레에 3만 원대 정도로 적당했다. 선물할 때마다 반응이 폭발적이어서 곧 수입이 되겠거니 했는데 몇 년이 지나도 국내 수입 소식이 들리지 않았다.

"왜 아무도 안 하지? 내가 수입해서 팔아볼까?"

구글 스타트업 캠퍼스 멤버들에게 지나가는 말로 양말 얘기를 꺼내며 사진을 보여줬더니 다들 "해보라"며 부추겼다. 오랜만에 가슴이 뛰면서 용기가 불끈 솟아났다. 언젠가 기회가 닿으면 꼭 다시 해보고 싶었던 무역 일이기 때문이다. 첫 회사를 관두면서 아쉬움을 달랠 수 있다고 생각하니 마음이 벅찼다. 회사 다닐 때 "그만두면 1인 무역 해야지" 하고 입버릇처럼 말했는데 실현할 수 있는 기회였다.

아기 양말이라니, 계절도 안 타고, 부피도 작고, 무게도 적게 나가고, 물류 측면에서도 너무 괜찮은 아이템이었다. 그래, 두 번을 했는데 세 번이 뭐 어렵겠어! 해보자.

아기용품수입회사 삐통의 시작

쇠뿔도 단김에 빼라고 결심이 선 그날 바로 미국 본사에 '당신 회사에서 만드는 양말의 빅 팬인데 수입해 한국 시장에서 온라인으로 팔아보고 싶다'고 메일을 썼다. 신기하게도 바로 답장이 왔다.

'온라인 사이트부터 만든 후 다시 얘기하자.'

사이트를 만들려면 이름부터 있어야 했다. 외우기 쉽고 알파벳도 단순한 이름을 찾고 찾다가 불어로 '작은 아기 발'이라는 뜻의 '삐통'을 찾아냈다. 삐통으로 사업자등록과 도메인 등록을 하고 6분 만에 사이트를 제작해주는 쇼핑몰 호스팅 업체 '식스샵Six Shop'에 의뢰해 사이트까지 뚝딱 만들었다. 같은 구글맘 동기인 아트상회 김미애 대표에게 의뢰해 브랜드 로고와 스티커를 마음에 쏙 들게 만들어냈다.

2016년 9월 아기용품수입회사 삐통 사업자를 등록하고 사이트까지 만드는 일은 일사천리로 진행됐다. 사이트에 결제시스템 연동하고 택배회사와 계약을 체결하는 등 챙겨야 할 일이 많았지만 처음 해보는 일이자 해보고 싶었던 일이라 기대 반 설렘 반으로 매일 새벽 2~3시까지 일했다. 홈페이지 준비를 마치고 다시 미국 본사에 메일을 보내 준비가 되었다고 말하자 갑작스레 태도가 돌변했다. 우리 같은 신생 사이트의 첫 브랜드가 되고 싶지 않다는 것이다. 처음부터 그렇게 말했으면 좋았을 텐데 지난 한두 달을 밤새가며 준비한 게 억울했다. 첫 브랜드가 되고 싶지 않다고 하니 그럼 다른 브랜드부터 수입해서 능력을 보여줘야겠다는 오기가 발동했다.

예상치 않게 다른 브랜드 수입으로 방향을 바꾸고 매일 새로운 브랜드를 찾아 서치하고 메일을 보내며 이런저런 양말 브랜드를 접촉하게 되었다. 전화위복이 되었다고 해야 할까. 다른 브랜드를 접촉하다 보니 처음 생각했던 브랜드만 고집할 필요가 없다는 걸 알게 되었다. 수입하고 싶은 브랜드가 생각보다 많았다.

다행히 비슷한 콘셉트의 다른 양말 브랜드 2개를 계약할 수 있었다. 이제 원래 계약하고 싶던 브랜드에 다시 연락을 취했다. 그런데 대답은 가히 절망적이었다.

'우리는 우리와 비슷한 콘셉트의 다른 양말 브랜드와 같은 사이트에 전시되고 싶지 않다. 미안하다.'

벌써 세 번째 거절이었다. 애초부터 우리와 계약할 마음이 없었던 것이리라. 다시 메일을 보내볼까 고민하다 그만두기로 했다. 어떻게 보면 이 브랜드 덕분에 신속하게 쇼핑몰을 오픈하고 다른 브랜드를 알게 된 셈이다. 굳이 양말이 아니더라도 아기 수영복이나 식기류 등 더 수입하고 싶은 브랜드들이 생겨났고 다양한 브랜드 수입원이 되는 게 더 전망이 있겠다는 판단도 섰다. 그들과의 계약 불발은 아쉽지만, 그 과정에서 많은 걸 배웠으니 득이 있었다. 이 세상에 버릴 경험이 하나도 없다는 말이 맞았다.

일단 계약한 2개의 다른 브랜드 제품의 수입절차를 밟았다. 그런데 그쪽에서 제시한 MOQ 최소 주문 수량이 너무 큰 금액이었다. 어느 정도 투자는 감안했지만 그 수준을 넘어섰다. 첫 수입품인 만큼 재고부담과 초기 비용을 최소화하고 싶었다.

미국 회사에 솔직한 장문의 이메일을 띄웠다. '이제 막 시작한 회사여서 당신이 제시한 수량은 금액이나 수량 면에서 부담이 된다. 혹시 괜찮다면 샘플로 조금씩 수입해서 일단 팔아보고 잘 나가는 모델은 그때 당신이 제시한 최소 주문 수량에 맞춰 주문하겠다'는 내용이었다. 솔직하게 양해를 구하면 어디서든 통하는 법인지, 그들이 흔쾌히 오케이 해주었다. 모델별로 샘플 수량만 주문할 수 있었다. 아직까지 한국에 수입 안 되는 브랜드인 점을 감안해 내친김에 한국 독점수입원까지 요청했다. 독점수입원을 따내면 한국에서는 삐통만 해당 제품의 수입 권한을 갖기 때문에 다른 업체에서 해당 제품을 판매하려면 삐통을 통해야만 했다. 무역회사에 다닐 때부터 독점수입원의 이점에 대해 잘 알고 있어서 취급하는 브랜드 가운데 하나 정도는 꼭 독점수입원을 확보하고 싶었다. 하지만 이제 막 시작하는 개인 판매업자한테 독점수입원을 내줄 리 없었다.

호락호락하지 않은 본사와 다시 협상할 기회는 예기치 않은 곳에서 생겼다. 어린이용품은 자율안전인증검사를 통과해야만 판매가 가능하므로 본사에서 샘플을 받아 70만 원가량을 들여 검사를 받았다. 당연히 합격 처리가 나올 줄 알았는데 불합격이었다. 알고 보니 본사에서 잘못된 샘플을 보내준 것이었다. 그들이 거듭 사과하며 다시 샘플을 보내준다 했지만 어쨌든 재검사를 받아야 하는 상황이었다. 내 입장에서 적은 돈이 아닌 70만 원이 넘는 검사비를 내고 다시 받아야 한다고

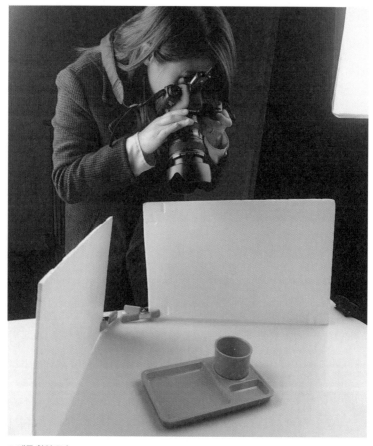

● 제품 촬영 모습

코코아그룹 ● 김성

생각하니 조금 고민이 되었다. 그때 독점수입원이 떠올랐다. 미국 본사에 "내가 두 번째 검사를 비용 투자해 받아 수입할 테니, 당신은 우리에게 독점수입원을 내줘라" 하고 요구해보았다. 순전히 강연에이전시와 번역에이전시 일을 하면서 배운 협상법이었는데, 다행히 그들이 받아들였다. 그렇게 나는 첫 수입, 첫 독점수입권을 따냈다.

목돈을 가지고 시작한 일이 아니어서 돈이 필요할 때마다 조금씩 밀어 넣어가며 진척시키며 조금씩 사이트를 키워갔다. 사이트 오픈 후 현재까지 미국 브랜드를 몇 개 더 수입했고, 한국 브랜드 중에서도 좋은 제품은 거래를 트며 아기양말뿐 아니라 타이즈, 수영복, 우비 등 판매품목도 점차 늘려가고 있다. 해외에서 물품을 수입하는 경우 대개 공식수입원이 수입하고 대부분 소매업자들은 그 수입원을 통해 물건을 도매로 사오는 데 반해, 나는 공식수입원을 통하지 않고 직수입 직판매를 원칙으로 하기 때문에 가격 경쟁력과 마진이 괜찮은 편이다. 아직은 수익이 나는 대로 재수입에 투자하는 비율이 크지만, 그래도 매출이 지속적으로 늘고 있다.

뿐만 아니라 아기용품수입 브랜드를 내세우고 있으나 수입 브랜드에만 한계를 두지 않고 여러 가지 시도를 해보고 있다.

일례로 아트상회 김미애 대표와 함께 만든 엄마들을 위한 휴대전화 케이스와 '맛있게 먹으면 $0kcal$' 접시, 그로잉맘 이다랑 대표의 '질알노트' 등도 빼통 사이트에서 판매하고 있다. 또 김혜송 대표가 운영하는 스타일앳홈에서 만든 아기 방에 어울리는 포스터를 팔기도 한다. 빼통의 제품군 확대와 동시에 구글 스타트업 캠퍼스에서 만난 창업가들의 제품을 판매하는 플랫폼 기능도 하고 있다.

하고 싶은 일이라 시작은 했지만 투자 부담 때문에 뼈통을 천천히 오래 키워갈 생각이다. 처음 한동안은 생각보다 매출이 저조해 실망할 때도 있지만 브랜드 인지도가 쌓이고 자리를 잡아가는 데는 시간이 걸리고 그 기간을 잘 버텨야 한다. 포기하지 않고 꾸준히 사이트를 키워나가는 것이 목표다.

● 포기하지 않고 꾸준히 성장하는 것을 꿈꾼다.

코코아그룹 ● 김성

오늘도
새로운 직업을 꿈꾼다

8

　회사에 소속되어 일하면서 일의 주도권을 갖기는 힘들다. 엔잡러로 사는 것은 얼마나 많은 일을 하느냐가 아니라 시간과 일의 주도권을 내가 갖는다는 의미가 크다. 일과 삶의 균형을 원하고 소소하지만 확실한 행복을 추구하는 요즘 세태에 엔잡러는 본인이 시간과 일의 주도권을 가진 만큼 자기 인생을 주도적으로 이끌어갈 수 있어 매력적인 게 아닐까.

　우연히 선배의 제안에서 나의 엔잡러 길이 시작되었지만 이제 어엿한 프리랜서로 1인 창업가로 영역을 내 힘으로 개척해나가고 있다. 그리고 현재, 꽤 괜찮은 규모의 수익을 유지하고 있으므로 이만하면 성공적인 도전이라고 생각한다.

엔잡러에 도전하고 싶다면 먼저 자기 성찰의 시간이 필요하다. 혼자 일하기를 좋아하는지, 어떤 일이 적성에 맞는지, 어떤 것을 잘할 수 있는지 등 차분히 자신을 돌아볼 필요가 있다. 누군가는 동료들과 함께 일하면서 에너지를 얻기도 한다. 그런 경우 혼자 일해야 하는 프리랜서가 맞지 않을 수도 있다. 여러 일을 병행해야 하므로 체력과 시간 관리에도 자신 있어야 한다.

계속 새로운 길을 찾는 엔잡러의 삶

전통시장 도슨트, 참기름 소믈리에, 어반플레이 콘텐츠 디렉터 등 이름만 들어도 생소한 직업을 다양하게 갖고 있는 엔잡러 이희준 씨는 한 인터뷰에서 "현재의 업에서 인적 네트워크와 사회적 가치, 삶의 지혜를 얻고 있어요. 향후에도 가치 있는 여러 일을 병행하며 살고 싶어요."라고 말했다. 나 또한 지금 하는 일에 안주하고 싶지 않다.

남편이나 주위에서는 이제 현상 유지하면서 좀 편하게 일하기를 바라는 눈치지만 머릿속에서는 끊임없이 새로운 아이템이 떠오르고 그때마다 가슴이 설렌다. 창업에 대해 무지했던 시절에는 창업 아이템은 거창하거나 남달라야 하고 초기 자본도 든든해야 하는 것으로 알았다.

하지만 직접 경험해보고 난 후 가능성이 있다 싶으면 소소한 아이템과 소자본으로도 일단 시작해보는 것이 중요하다는 사실을 깨달았다. 시작해보고 문제가 발견되면 구글 스타트업 캠퍼스에서 배운 대로 피보팅을 거쳐 아이템을 바꾸거나 운영방식을 개선하는 방법도 있기 때문이다. 쉽지 않은 과정이지만 겁먹고 지레 포기할 필요는 없다는 뜻이다.

코코아그룹 • 김성

취집도 해보고 회사도 다녀보고 프리랜서를 거쳐 창업까지 해보고 난 후 내린 결론이 하나 있다. 회사를 다니는 것이 자동차를 타는 것과 흡사하다면 창업은 자전거를 타는 것과 흡사하다는 것이다. 회사생활도 결코 녹록하진 않지만 정해진 길을 따라 빠르고 안락하게 달리는 자동차와 같은 반면 창업은 내 다리로 동력을 만들어 내가 가고 싶은 길로 달리는 자전거와 같다. 힘도 들고 속도도 늦지만 길이 막히면 샛길로도 갈 수 있고 오던 길을 되돌리기도 쉬운 자전거처럼 창업을 바라보면 도전하기도 편하지 않을까 생각한다.

머릿속에 맴도는 수많은 아이템 가운데 어떤 것을 골라 다음 직업으로 삼을지 알 수 없으나 분명한 사실은 내 직업은 세 가지로 끝나지 않을 것이라는 점이다. 오랜 꿈인 카페부터 아기용품 오프라인 매장, 선물 전용 판매 사이트, 샐러드 테이크아웃 전문점 등이 다음 직업 가운데 하나가 될 수도 있고 시댁이 있는 제주도를 기반으로 색다른 여행 패키지를 개발하게 될 수도 있다. 얼마 전 모교인 숭실대에서 창업 관련 강연을 하면서는 스스로도 강연을 즐기고 청중 반응도 좋다는 사실을 깨닫고 강연자를 꿈꾸기도 했다.

직업이 다양하면 대박을 꿈꾸기는 어려워도 일부 일이 실적이 부진했을 때 다른 일로 상쇄하는 효과를 기대할 수 있어 안전하다는 점이 큰 장점이다. 하나의 직업으로 월 300만 원을 벌 수도 있지만 열 가지 직업에서 각각 30만 원씩, 월 300만 원을 맞출 수도 있는 법이다. 어느 쪽이든 선택의 문제라고 보지만 이왕이면 여러 직업을 오가면서 흥미진진하게 살아가는 엔잡러의 길이 나에겐 매력적이다.

"

나도 수입해볼까?
소규모 수입업 노하우

"

　가끔 외국 여행을 가거나, 아마존 같은 해외 사이트를 뒤적거리다보면 '와, 이거 수입하면 진짜 잘되겠는데.' 하는 생각이 드는 제품들이 있다. 나 역시도 습관처럼 그런 품목들을 찾고, 수입이 되고 있는지, '안 된다면 내가 수입해볼까?' 하며 타당성 검토를 수시로 한다.

　아마도 나 같은 생각을 하며 수입을 해볼까? 생각해보는 엄마들에게 도움이 되고자 1인 비즈니스, 소규모 수입업에 대해 간단히 정리해보았다.

　수입의 규모와 품목에 따라 필요 자본과 경로, 자원이 너무나도 다르기 때문에, 일단 엄마들도 부담 없이 시작할 수 있는 정도의 규모를 기준으로 노하우를 정리해보았다.

1. 품목선정
1) 작고, 가벼운 품목
　아무리 상품이 싸고 좋아도 무겁고 크면 물류비용이 너무 커져버리기 때문에 물류비용의 최소화를 위해, 가볍고 작은 품목이 좋다.
2) 계절성이 없고 유통기한이 긴 품목, 유행이 없는 품목이 재고부담이 적다.
　화장품, 음식 같은 경우 유행이나 유통기한의 문제가 생겨서 단시간에 빨리 다 팔아야한다는 부담이 있다. 혹시 재고가 생기더라도, 제품의 품질의 변화가 없고 유행을 타지 않는 품목이 유리하다.
3) as가 필요 없는 제품이 좋다.
4) 가급적 본인이 잘 아는 품목일수록 수입, 판매에 유리하다.

2.브랜드 검색

해외 무역박람회에 참여하면 좋겠지만, 한계가 있으므로 인터넷으로 발품을 팔아야한다. 우리가 흔히 이용하는 아마존이나 미국 마트사이트들부터 시작해서, 요즘은 인스타그램이나 핀터레스트 등으로도 브랜드 홍보를 많이 하므로 특정 품목을 선정한 후 sns로 최대한 많은 브랜드를 접해보는 게 좋다. 그러다보면 자연히 비슷한 카테고리의 브랜드들이 추천에 뜨니 세심하게 찾아볼 것. 혹은 여러 브랜드를 모아서 파는 외국 편집매장을 검색해도 좋은 브랜드가 많이 나온다.

3.브랜드 선정

이 세상에 브랜드는 너무 많고, 내가 알만큼 유명해진 브랜드는 이미 들어와 있다고 생각하면 된다. 아직은 수입이 안 된 신생 브랜드, 혹은 대형 무역상사에서는 다루기엔 규모가 너무 작아 수입하지 않은 브랜드, 혹은 무역상사에서 이미 수입하고 있으나 독점수입은 아닌 브랜드 등을 추천한다. 그래야 최대한 무역상사와의 차별점을 가질 수 있다.

4.브랜드 컨택

대부분의 외국브랜드들은 홈페이지에 wholesale, retail, distributor 메뉴가 있다. 이곳에서 회사 설명과 몇 가지 기입을 하면 그 후로는 메일을 주고받을 수 있다. 없다면 공식 이메일 주소로 메일을 보내면 된다.

5.수입과정

브랜드와 1차적으로 수입계약이 체결되면 수입물량 및 품목 결정 → 대금결제 → 물류과정 → 통관순으로 절차를 거치게 된다.

요즘은 대금결제도 페이팔로도 가능하고, 소량물류는 배대지를 이용하면 오히려 저렴한 경우도 많다. 예전에 비해 절차가 매우 간단하고, 물류는 전문 업체를 통해 얼마든지 1인 비즈니스로 소규모 수입은 가능하므로 평소 외국브랜드에 관심이 많고, 수입을 해보고 싶던 분들이라면 주저하지 말고 도전해보자.

엄마,
캠퍼스에 가다

조윤민
APAC Program Lead, Google for Startups

구글의 스타트업 지원 기관인 구글 스타트업 캠퍼스는 2015년 개관 이래 지속적으로 '엄마를 위한 캠퍼스'를 통해 엄마, 아빠 창업가들의 스타트업 창업을 지원하고 있다. 구글 스타트업 지원팀 조윤민 팀장을 통해 '엄마를 위한 캠퍼스'를 비롯한 다양한 구글 스타트업 프로그램에 대해 알아보자.

Q. 출산 후부터는 늘 아이가 먼저가 되는데, '엄마를 위한 캠퍼스'라니 이름만 들어도 가슴이 뛰는 것 같습니다. '엄마를 위한 캠퍼스'란 무엇인가요?

A. 구글 스타트업 캠퍼스에서 진행하는 '엄마를 위한 캠퍼스'는 육아 때문에 창업의 꿈을 미루고 있었거나, 사업 아이디어는 있지만 스타트업을 시작하는 데 도움이 필요했던 엄마, 아빠들의 창업을 돕는 대표적인 지원 프로그램입니다.

지난 2015년 1기를 시작으로 매년 새로운 기수를 배출했는데요. 지난 4년간 총 97명의 부모 창업가들이 참여하여 '그로잉맘', '자란다', '베이비프렌즈' 등의 스타트업이 탄생했습니다.

Q. '엄마를 위한 캠퍼스' 프로그램은 어떻게 구성되나요?

A. 아이디어 정립, 마켓 리서치, 비즈니스 모델링, 마케팅, 브랜딩, 팀 빌딩, 펀딩 등의 다양한 세션으로 구성되어 실제 창업에 필요한 교육을 기초부터 체

계적으로 배우게 되며, 엄마를 위한 캠퍼스 졸업생 CEO, 각 분야별 전문가, 투자자 등 다양한 스타트업 관계자들이 참여하는 멘토링 세션이 지속적으로 제공됩니다. 뿐만 아니라, 프로그램의 마지막 단계로 투자자와 구글 직원 등 전문가 멘토단을 대상으로 사업 내용을 발표하는 데모데이가 진행되어 본인 스타트업에 대한 피드백을 받을 수 있습니다.

Q. '엄마를 위한 캠퍼스'는 다른 창업지원 프로그램과 무엇이 다른가요?

A. 자녀를 둔 참가자들을 대상으로 진행하는 프로그램인 만큼, 육아와 일을 병행해야 하는 참가자들이 자녀와 함께 편안한 환경에서 프로그램에 참여할 수 있도록 노력했습니다. 프로그램 진행 기간 동안 업무 공간 옆에 18개월 미만의 아기들이 놀 수 있는 공간을 마련했고, 아기들이 프로그램 시간 동안 안전하게 지낼 수 있도록 돌보미 서비스도 함께 제공합니다.

Q. '엄마를 위한 캠퍼스'가 4년 동안 진행되었는데요. 처음 이 프로그램이 열릴 때와 지금을 비교할 때 참가자들의 신청률이나 분위기가 어떻게 달라졌나요?

A. '엄마를 위한 캠퍼스'에 대한 관심은 지속적이고 오히려 많아지는 것 같습니다. 기존의 참여하신 엄마, 아빠 창업가분들이 다 너무 열정적이고 열심히 하셔서 많은 분들의 본보기와 롤모델이 된다고 생각합니다. 창업을 할 수 있는 사회적인 분위기와 인식이 많이 개선되기도 하고, 자기의 일을 찾고 꿈을 이루어가고자 하는 분들이 많은 것 같습니다. 저희 구글 스타트업 캠퍼스에 가장 문의가 많이 들어오는 프로그램이 '엄마를 위한 캠퍼스'라는 점이 이를 입증하는 것 같아요.

Q. 구글 스타트업 캠퍼스는 어떤 곳인가요?

A. 구글이 창업가들을 위해 만든 물리적 공간으로, 이곳에서 창업가들은 배우고, 교류하며, 나아가 세상을 바꿀 수 있는 회사를 만드는데 필요한 다양한 지원을 받을 수 있습니다.

2015년 5월 전 세계 세 번째, 아시아 최초 캠퍼스로 만들어진 구글 스타트업 캠퍼스 서울은 한국 창업가들에게 글로벌 네트워킹과 전세계로 나갈 기회를 지원하고, 구글 직원의 멘토링과 뛰어난 기술 인프라와 함께 엄마를 위한 캠퍼스(Campus for Moms), 캠퍼스 토크(Campus Talk), 캠퍼스 입주 프로그램(Campus Residency) 등 다양하고 특별한 교육 프로그램을 제공하고 있습니다. 특히 실제 창업에 필요한 도움을 보다 체계적으로 배움은 물론, 같은 고민을 가진 예비 창업가들과 교류할 수 있어 '차별화'와 '네트워크'를 중심으로 한 창업트렌드에 유용한 정보와 네트워크를 제공해줍니다.

Q. 구글 스타트업 캠퍼스에 참가하고 싶으면, 어떻게 해야 하나요?

A. 구글 스타트업 캠퍼스의 소셜미디어(www.facebook.com/Googlefor StartupsKorea)에 올라오는 공고를 통해 참가일정을 확인하실 수 있습니다. '엄마를 위한 캠퍼스'는 매년 열리고 있으니 관심이 있다면 용기 내어 도전해 보시길 응원합니다.

엄마로서 고수이
스타트업 출발점

가장 성공한

전문가들도

처음에는

진지하지 않은

초보자였다.

앤절라 더크워스 《그릿》 중에서

육아용품 선택의 고민 해결사로 나서다

양효진

육아용품 추천 서비스 베베템(Bebetem) 대표

나를 힘들게 한 문제가
사업 아이템으로 변신

아토피성 피부를 타고난 딸 때문에 기저귀나 아이가 쓸 육아용품을
고를 때마다 신경이 곤두서곤 했다. 어느 날 육아용품 고르는데
왜 이렇게 힘들어야 하는지 의문이 들었다.
누구나 쉽게, 안심하고 육아용품을 살 수 있는 환경만 만들어도
육아노동의 절반은 줄일 수 있겠다고 판단했다.
광고성 정보를 차단하고 믿을 수 있는 진짜 정보만 제공하는 육아용품 추천
서비스라는 창업 아이템은 그렇게 탄생했다. 현재 부모가 가장 많이 찾는
육아용품을 아이의 개월 수에 맞게 알려주는 서비스를 제공하는 베베템을
운영 중이다. 각종 육아용품 후기를 모아 순위를 매겨 엄마들이
어떤 육아용품을 구입하는 게 좋은지를 알려준다.

페인 포인트가
세상을 바꾼다

8

'이번엔 좀 낫겠지. 이게 얼마짜린데.'

조마조마한 심정으로 아이 기저귀를 벗겨보곤 또다시 낙담하고 말았다. 좀 낫기는커녕 울긋불긋한 발진이 더 도드라져 있었다. 친환경 기저귀라며? 아토피 있는 아이한테도 안심하고 채울 수 있다며?

벌써 몇 번째 느끼는 배신감인지 모른다. 시중에 나와 있는 기저귀 가운데 친환경임을 자랑하는 기저귀는 다 써봤으나 아토피성 피부를 타고난 내 딸에게 마음 놓고 사용할 수 있는 제품을 찾기 힘들었다. 비단 기저귀만이 아니었다. 분유, 젖병, 베이비파우더, 비누, 딸랑이처럼 아이 몸에 직접 닿거나 물고 빼는 용품은 살 때마다 신경이 곤두서곤 했다.

아이 키우는 일만으로도 날마다 숨이 턱에 찰 지경인데 육아용품을 고르는 문제까지 덤으로 스트레스를 가중시키니 육아가 더욱 힘들었다. 개월 수에 따라 어떤 육아용품을 준비해야 하는지, 넘쳐나는 온갖 종류의 육아용품 가운데 어떤 제품을 사야 하는지 늘 막막하기만 했다. 틈만 나면 블로그나 맘카페 등을 돌아다니며 다른 사람들은 어떤 제품을 쓰는지 알아보는 게 일이었다. 나처럼 아토피 있는 아이를 키우는 사람들이 제공하는 정보는 더 꼼꼼하게 읽었다.

그런데 믿을 수 있는 정보를 가려내기가 쉽지 않았다. 이전 회사에서 마케팅 관련 업무를 했던 터라 인터넷 정보에는 광고가 섞여 있다는 사실을 알고 있음에도 깜빡 속는 경우가 적지 않았다. 솔직한 후기인 줄 알고 열심히 읽어내려 가다가 협찬을 받았다는 마지막 문구에 "내 아까운 시간 돌리도"를 외치며 분개한 적이 여러 번이었다.

고통은 해결하라고 있는 것

준비 없이 임신과 출산을 겪으면서 육아 관련 정보를 책과 인터넷에서 구해야 했는데 그 어느 것도 만족스럽지 않았다. 가장 큰 고민이 육아용품을 사는 문제였다. 나는 가사노동처럼 육아도 노동이라고 생각한다. 가사노동을 덜기 위해 세탁기, 청소기 등을 쓰는 것처럼 육아용품도 육아노동의 강도와 피로를 줄이기 위해 반드시 써야 하는 제품이다. 그런데 어떤 육아용품이 육아노동의 어떤 부분을 해결해주는지 제대로 알려주는 곳이 없었다.

아이 개월 수에 따라 필요한 용품을 알아보는 것, 수많은 제품들 가운데 꼭 필요하고 좋은 물건을 골라내는 것, 이 모든 과정이 나를 더 지치고 피곤하게 만들었다. 똑같은 제품을 두고도 누구는 좋다 하고 누구는 사지 말라 하는가 하면, 제품을 평가하는 기준도 '가격 대비 괜찮다', '쓰기 편하다', '성분이 좋다'는 식으로 제각각이어서 종잡을 수가 없다.

아토피가 있는 아이를 키우다 보니 아이가 먹는 것, 아이 몸에 닿는 것 하나하나에 예민해질 수밖에 없는데 제품에 대한 깊이 있는 정보는 더욱 찾기 어렵다. 사용 후기를 꼼꼼히 살피지만 실제 써보고 올린 글보다 광고성 후기가 너무 많다. 후기만 믿고 샀다가 버린 물건이 한두 가지가 아니다. 10만 원짜리 수유쿠션, 몇십 만 원짜리 유모차 등 큰마음 먹고 샀다가 불편해서 결국 다시 사야 할 때는 얼마나 속이 쓰리던지.

필요는 발명의 어머니라고 했던가. 생활의 불편이 발명으로 이어진다. 나는 육아용품을 선택할 때 느낀 불편함 덕분에 창업 아이템을 떠올렸다. 바로 육아용품 추천 서비스. 일본에는 제품을 판매량 또는 매출액 순으로 진열하거나 보여주는 랭킹숍이 있다. 이를 벤치마킹한 아이템이었다. 스토리텔링에 근거해 감성적으로 접근하는 방식이 아니라 데이터에 근거해 이성적으로 접근하는 방식, 다시 말해 '내가 써봤더니 좋더라'가 아니라 '시장에서 가장 많이 팔린 제품은 이것, 검색을 많이 한 제품은 이것이니 구매할 때 참고하라'는 식으로 육아용품을 추천하는 방식이다. 온라인으로 제품을 살 때마다 소비자를 헷갈리게 하고 망설이게 만들기 일쑤인 홍보성 평가는 물론 나를 포함해 어느 누구의 주관적 판단도 개입할 여지를 남기지 않기 위해서였다.

문제가 생기면 해결하고 불편하면 고치고 살자는 주의인 내가 소비자로서 가장 불편해하는 페인 포인트pain point, 소비자가 불편과 고통을 느끼는 지점가 내 삶의 터닝 포인트가 되었다. 육아노동은 내 인생 최고의 페인 포인트였다. 아이 키우는 일이 숭고하다고 고통마저 달콤하진 않다. 육아노동의 페인 포인트를 줄이면 좀 더 아이 키우기 좋은 세상이 될 거라고 믿는다. 힘들고 불편한 환경을 쉽고 편리한 방향으로 극복해내며 인류문명이 진보한 것처럼.

경단녀에서
엄마 CEO를 꿈꾸다

8

"이래서 여자는 뽑으면 안 된다니까."

한창 일에 몰두할 시기에 계획도 준비도 없이 예기치 않게 임신이 됐다. 갑작스러워 나도 놀랐지만 주위 반응 때문에 더욱 당혹스러웠다.

"원래 마케팅 부서는 여자 잘 안 뽑는데 특별히 뽑았다"며 입사 초부터 기대와 우려 섞인 말을 종종 하던 직속상사는 임신 소식을 전하자마자 폭언에 가까운 말을 쏟아냈다.

"남편 연봉이 얼마야? 그 돈으로 애나 키울 수 있겠어?"

축하를 건네는 이사진과 달리 당장 나로 인한 피해나 업무 차질부터 따져봤을 실무진의 심정이 한편으론 이해가 됐지만 회사를 그만두겠다는 것도 아니고 그저 결혼해 애 낳고 키우겠다는 것이 그처럼 폭언을 들어야 할 일인가 싶었다. 내가 2015년을 살아가고 있다는 사실이 믿기지 않는 현실이었다.

"지금 창업해서 판을 바꾸는 게 어때?"

일이 너무 좋고 재미있어서 아이 낳는 것은 물론 결혼도 훗날의 일이려니 여기며 직장생활을 시작한 지 얼마 되지 않아 임신 사실을 알게 되었다. 임신 호르몬 탓인지 감정기복이 심한 데다 회사에서 받는 스트레스까지 더해져 죽도 간신히 먹는 날들이 이어지면서 결혼 준비를 사유로 회사에 휴직원을 냈다. 그리고 두 달 후쯤 돌아갔을 때 나는 회사에서 찬밥 신세가 돼 있었다. 내 업무는 다른 사람들이 나눠 진행하고 있었고 좌천과 다름없는 팀으로 나를 옮길 계획이라는 얘기도 돌았다.

더는 버틸 힘이 없었다. 주위에서는 "이 고비만 넘기면 되니 버티라"고 했지만 "한창 좋은 나이에 안됐다", "그러게 조심 좀 하지" 등등 상사나 동료들이 걱정해준답시고 내뱉는 말들도 더는 참고 넘기기 힘들었다.

'남들도 다 겪는 일을 나만 징징대며 유난떤 건 아닐까.'

'이제 애 엄마까지 되면 취직하기 더 어려울 텐데 너무 쉽게 포기한 건가.'

퇴사 이후 한동안 상실감과 자괴감에 시달렸다. 태교에 전념해도 모자랄 시간에 스스로를 괴롭히고 남편에게 짜증내는 일상이 반복되었

베베템 ● 양효진

다. 한편으로 뱃속 아이한테 죄책감이 들었다. 새 생명이 몸 안에서 자라고 있는데 마냥 기뻐할 수 없어 안타까웠다. 하지만 일을 포기하고 싶은 마음은 눈곱만큼도 들지 않았다. 태어날 아이에게도 엄마로서 자신의 인생을 즐기며 사는 모습을 보여주고 싶었다. 아이가 어린이집에 갈 정도가 되면 다시 가슴 뛰는 일터로 돌아가야지, 속으로 수차례 다짐했다.

2015년 10월, 드디어 딸이 태어났다. 육아의 고통과 힘겨움에 관한 얘기를 워낙 많이 들어서 마음을 단단히 먹고는 있었으나 하루하루가 난생처음 겪어보는 고난의 연속이었다.

육아와 살림에 지쳐갈수록 조급증이 차올랐다. 이건 내가 원하는 삶이 아니었다. 아이와 남편은 더없이 소중하지만 그 못지않게 나 자신도 소중했다. 이렇게 아이 키우고 살림하다가 어느 날 문득 '내 삶은 뭔가' 하며 스스로에게 연민이나 느끼는 사람으로 늙어가고 싶지 않았다. 아이가 어느 정도 자라면 뭐라도 하려고 했는데 하루하루 차오르는 불안감에 하루라도 빨리 시작해야 할 것만 같았다. 그런데 무슨 일을 할 수 있나? 회사를 다닐 처지는 못 되니 파트타임 일자리라도 알아볼까? 이참에 대학원을 갈까? 애 키우면서 공부하기엔 사이버 대학이 더 낫지 않을까? 하루 종일 이런 생각들이 머리를 떠나지 않았다.

쳇바퀴 돌 듯 늘 똑같은 고민을 껴안고 끙끙대던 어느 날 남편이 창업을 제안했다.

"어차피 스타트업이 꿈이잖아. 지금 창업해서 판을 바꾸는 게 어때?"

순간 답답하던 머릿속이 뻥 뚫리는 느낌이었다. 창업은 좀 더 경험을 쌓고 자금도 어느 정도 모은 후에나 가능한 일이라고 여겼는데 남편의 말을 듣고 생각해보니 당장 못해낼 일도 아닌 것 같았다. 스타트업 회사에서 만난 사람이라 남편도 스타트업에 대한 열정이 남달랐으므로 내심 든든한 지원도 바랄 수 있겠다 싶었다.

스타트업을 향한 꿈

스타트업을 처음 접한 건, 대학생 때였다. 평소 마케팅 쪽의 일에 관심이 많았던 터라 마케팅 분야 인턴을 뽑는 스타트업에 지원해 활동하게 되었다. 스타트업답게 기존의 상명하복 식에서 벗어나 스스로 업무를 결정하고 해결하면서 평가까지 하는 독특한 업무방식을 갖고 있었다. 자율성과 주체성을 강조해 일을 기획하고 진행하는 데 속도감이 있었다. 다소 충격적인 업무 스타일이지만 나에게는 잘 맞았다.

'졸업 후 진로는 곧 취업'이라고만 생각하던 내게 스타트업은 새로운 세상처럼 보였다. 그때부터 스타트업은 언젠가 반드시 가야 할 내 삶의 목표가 되었다.

스타트업을 향한 열정으로 끊임없이 크고 작은 시도를 해보는 분위기에 빠져 이후 스타트업 회사만 찾아다니며 인턴도 하고 입사지원도 했다. 자금이 넉넉하지 않은 스타트업 기업의 특성상 적은 돈으로 큰 효과를 얻기 위한 시도를 여러 모로 했다. 하루에 광고 카피를 20개 이상씩 써서 페이스북 광고를 만들기도 했다. 그중에서 소위 말하는 '대박'이 터지기도 했다. 잘되면 잘되는 대로 안 되면 안 되는 대로 데이터를 분석하며 원인을 찾는 일을 하면서 분석적인 시각을 갖게 되었다.

스타트업 기업에서 만난 동료와 친구 들은 서로 관심사가 비슷하고 유사한 꿈을 꾸다 보니 만나면 할 얘기가 많았다. 어떤 회사의 비즈니스 구조가 어쩌니, 시장 상황이 어쩌니, 어떤 스타트업이 투자를 받았다느니, 끝이 없었다. 서로 부족한 부분이나 더 배우고 싶은 것들을 함께 공부하기도 했다.

스타트업! 여전히 낯설어하는 사람이 많을 텐데 한마디로 벤처업계의 새싹회사라고 할 수 있다. 땅 이곳저곳에서 새싹이 돋아났다가 환경이 척박하면 시들고 환경이 좋으면 나무로 자라나듯 스타트업도 혁신적인 기술이나 아이디어를 기반으로 1인 또는 소규모 창업을 한 다음 시장에서 가능성을 시험해보는 원리로 운영된다. 가능성을 인정받지 못하면 도태되지만 반대의 경우 벤처 투자자 또는 투자기관들로부터 자금을 투자받아 성장해나갈 기회를 얻는다. 큰 자본이 투입되기 이전의 신생 회사여서 시장에 유연하게 대처할 수 있고 실패에 대한 부담이 적은 것은 크나큰 장점으로 꼽힌다.

● 엄마 CEO를 꿈꾸다.

베베템 ● 양효진

창업은
나를 찾아가는 과정

문제는 아이템이었다. 뭘 가지고 창업하지? 거창하게 일을 벌일 생각도, 능력도 없었으므로 지금, 내 환경에서 쉽게 접근할 수 있으면서 경쟁이 치열하지 않은 틈새시장을 찾는 것이 관건이었다. 어떤 제품 또는 서비스로 어떤 시장을 파고들 것인가. 창업 및 스타트업 관련 온갖 책을 찾아보고 스타트업에서 일하는 지인들에게도 조언을 구했다.

하지만 답은 역시 내 안에 있었다. 나를 힘들게 하는 페인pain 포인트보다 더 절실한 것이 어디 있겠는가. 내 페인 포인트가 타인의 페인 포인트이기도 하다는 점만 확인하면 된다. 그렇게 자연스럽게 육아시장이 눈에 들어왔다.

육아용품 고르느라 힘들었던 나를 떠올리며 육아용품을 구매하려는 소비자들에게 추천 서비스를 제공하면 합리적인 소비와 소비 실패를 줄일 수 있겠다 싶었다. 보람도 있고, 사이트를 찾는 사람이 많아지면 광고가 붙어서 수익이 생기리라 믿었다.

아이템을 정하고 창업으로 마음이 부푼 어느 날 남편에게 아이템을 털어놓는 날이었다. 내 말을 듣던 남편의 반응이 영 신통치 않았다.

"잘 안 될 것 같은데…. 육아시장이 그렇게 커?"

"IT 서비스인데 당연히 국내시장만 겨냥하진 않지. 국내에서 자리 좀 잡으면 중국하고 북미로도 진출할 계획이야. 육아용품은 나라를 가리지 않으니까."

"시장은 넓힐 수 있다 치고 제품을 파는 게 아니라 추천만 한다면서. 추천 서비스가 사람들한테 먹힐까."

아, 이 사람이 육아용품 사는 게 얼마나 힘든 일인지 모르는구나. 그러고 보니 그동안 남편은 카시트 정도나 샀을 뿐 육아용품 구매는 모두 내 몫이었다. 어쩌다 구매를 부탁해도 행여 잘못 샀다며 나한테 혼날까 두렵고 귀찮다며 내게 미루기 일쑤였다.

차근차근 주변을 설득하고 지지를 얻다

그때부터 남편을 투자자로 가정하고 설득하는 연습을 시작했다. 국내는 물론 중국과 북미까지 육아시장의 규모를 조사해 보여주고 비슷한 비즈니스 모델을 지닌 사이트의 수익구조를 확인시키기도 했다. 그리고 아이 키우는 부부들을 인터뷰해 육아용품 구매 과정에서 겪는 고충을 거듭 파악했다. 그제야 남편도 육아용품 추천 서비스의 필요성에 대해 수긍하기 시작했다.

이때다 싶어 남편에게 웹사이트 개발을 부탁했다. 손사래부터 치던 남편은 예전 생기를 되찾아가는 '양효진'이 다시 지치고 우울해하는 모습으로 돌아갈까 두려웠던지 마지못해 수락했다. 지금은 스타트업 계에서 근무하지만 반도체 엔지니어 출신이어서 전문 개발자만은 못해도 개발이 가능한 사람을 남편으로 둔 것이 지금 생각하면 얼마나 다행스러운지.

사실 전문가에게 맡기고 싶어 여러 개발자를 만나보긴 했었다. 그런데 경제 사정상 유능한 전문가를 쓰기 어려웠다. 직접 개발을 해보려

● 구글 스타트업 캠퍼스

고 발버둥도 쳐봤으나 어림도 없는 일이었다. 남편에게 맡기면 퇴근 후에나 개발에 투자할 짬이 생기니 하세월을 각오해야 했지만 달리 대안이 없었다. 그리고 실제 개발에만 무려 1년이 걸렸다.

무에서 유를 만들어내기는 처음이라 원하는 방향을 구체적으로 제시하지 못하는 일이 잦다 보니 남편에게 나는 최악의 클라이언트였다. 게다가 아이디어가 떠오를 때마다 이것저것 추가를 요구하는 바람에 남편이 "코드 꼬인다"며 화를 낸 적도 많았다. 로고 디자인은 고맙게도 캐나다에서 일하는 친구가 맡아줘 동업 개념으로 지금도 함께하고 있다.

나는 힘들고 어려운 일일수록 혼자 끙끙대지 말고 주변에 적극 도움을 구해야 한다고 생각한다. "노 생큐No, Thank you" 대신 "예스 플리즈Yes, Please"의 마음으로 서로 연대해야 그나마 살 만한 세상이 된다고 믿기 때문이다. 내가 남편과 친구의 도움으로 비교적 수월하게 여기까지 왔듯 베베템 또한 아이 키우는 모든 이들에게 든든한 지원군이 되고 조력자가 되었으면 하는 바람이다.

'엄마를 위한 캠퍼스'에서 자존감을 되찾다

스타트업을 떠올릴 때 가장 큰 난관은 돈 문제다. 적은 금액이라도 자본이 있어야 무엇이든 시작할 수 있으니까. 요즘은 정부나 지방자치단체, 기업체 등에서 운영하는 지원사업이 많고 크라우드펀딩도 있어 과거에 비하면 창업하기 유리한 환경이다. 남편과 친구가 웹사이트 개발과 디자인에 매달리는 사이 나는 스타트업 지원 사업을 부지런히 찾아다녔다. 정부와 지방자치단체, 기업체 등에서 운영하는 다양한 스타트업 지원사업을 활용하면 사업 초기 단계부터 육성에 이르기까지 전반적인 지원을 받을 수 있는 것은 물론 사무실과 자금 등을 지원받을 수도 있음을 잘 알고 있었다. 그러나 눈에 보이는 것이 아무것도 없는 상태에서 아이디어만으로 지원을 받기는 어려웠다. 신청서를 내는 족족 떨어지니 '아예 가망 없는 사업인가' 싶어 의기소침해지기도 했다.

그 무렵 눈에 번쩍 띄는 소식이 있었다. 구글 스타트업 캠퍼스에서 운영하는 '엄마를 위한 캠퍼스' 2기 모집! 2016년 3월 말부터 총 9주간 진행되는 스타트업 육성 프로그램으로 이름 그대로 육아를 담당하는 엄마, 아빠들의 창업을 지원하는 교육 사업이었다. 스타트업 기업에 있는 지인이 많아 '구글 스타트업 캠퍼스'가 문을 열 때부터 기대하고 있었으나 1기 모집 당시는 임신 중이었기 때문에 2기 모집을 눈이 빠져라 기다리던 참이 었다.

신청 서류와 자기소개서만 내면 되는 간단한 절차였는데 혹시라도 떨어질까봐 육아용품 추천 서비스를 준비하는 내용을 담아 자기소개서를 정말 공들여 썼다. 그 결과, 드디어 2기생으로 선정됐다는 소식을 들었다. 내내 떨어지기만 하다가 처음으로, 그것도 가장 고대하던 프로그램에 뽑히니 모처럼 내 가능성을 인정받은 것만 같았다. '엄마를 위한 캠퍼스'의 가장 큰 매력은 아이가 18개월 미만이면 데리고 교육에 참여할 수 있다는 점이었다.

이제 갓 7개월 된 아이를 데리고 첫 수업을 들으며 처음 든 생각이

'아, 이게 되는 일이었구나'였다. 아이를 동반하고는 교육은 물론 강연 듣는 일이 불가능하다고만 여겼는데 아이를 업거나 안고도 수업에 집중이 됐다. 아이가 돌아다녀도 누구 하나 눈살 찌푸리지 않았고 육아 도우미까지 배치돼 아이를 떼어놓았을 때보다 오히려 마음 편히 수업을 들을 수 있었다.

내용은 기대 이상이었다. 스타트업 관련 온라인 강의나 책보다 훨씬 실용적이고 생생한 내용이 많아 한마디도 놓치기 싫었다. 특히 1대 1 멘토링에 가까운 강연 프로그램이 인상 깊었다. 선배 창업가, 스타트업 전문가, 변호사, 벤처 투자자, PR 전문가 등과 직접 만나 내 아이템에 대한 조언도 듣고 성공 전략도 논의하는 과정이 흥미롭기도 하고 도움도 많이 됐다.

그리고 무엇보다 큰 성과가 있었다. 나 자신을 온전히 되찾기 시작했다는 것. 아이하고 집에서만 지내다가 매주 수요일은 무조건 외출을, 그것도 강남 한복판으로 하는 것도 가슴 설레는 일인데 어엿한 예비 창업가로 존중까지 받으니 바닥까지 내려갔던 자존감이 회복되기 시작했다. 게다가 나만큼 힘들게 아이 키우면서 절박하게 창업을 준비하는 동료들이 생기면서 일상에 활력이 돌았다.

창업 준비할 때
중요한 두 가지

8

본격적으로 창업을 준비하려면 무엇이 가장 필요할까? 일단 일할 시간을 확보해야 한다. 재택근무는 아이를 돌보면서 일할 수 있다는 장점이 있는 반면 자칫 육아와 살림에 치여 죽도 밥도 안될 우려가 높았다. 일과 육아를 병행해본 구글 스타트업 캠퍼스 동기들의 조언을 받아들여 좀 이르다 싶긴 해도 아이를 10개월 즈음부터 어린이집에 보내기 시작했다. 아이가 적응할 수 있도록 한동안은 낮잠 시간을 피해 몇 시간씩만 보내다가 주 1~2회 정도 종일반을 보내면서 어린이집에 머무는 시간을 차츰 늘려나갔다.

그러곤 밤 10시에 아이와 함께 잠들고 새벽 4시에 일어나 일하는 방식으로 아이가 잠자는 시간, 어린이집에 가있는 시간을 최대한 활용했다. 아침 7시 남편이 출근하고 나면 아이 씻기고 아침 먹여 등원시킨 후 웹사이트에 구현할 콘텐츠 만들고 소비성향 조사하고 스타트업 지원사업도 알아보고 하다 보면 어느새 아이 데리러 갈 시간이 코앞에 닥쳐 있곤 했다. 그러다 아이가 아프거나 어린이집에 가지 않겠다고 고집이라도 피우는 날이면 하루 일정이 어그러지기 일쑤였다.

일할 시간을 확보하라

1인 창업이라고 해도 냉혹한 시장에 뛰어든다는 건 결코 만만한 일이 아니다. 스타트업도 아는 사람이나 도전정신에 박수를 보낼 뿐 시장에서는 결국 돈을 잘 버느냐 못 버느냐로 평가받게 마련이다. 내 시간과 노력을 몽땅 바쳐도 시장에서 살아남을 수 있을지 장담할 수 없는데 자투리 시간이나 쓰고 있자니 자꾸만 조바심이 나고 무력감이 들곤 했다.

해결 방법은 딱 하나, 욕심을 버리는 수밖에 없다. 일과 육아, 살림을 모두 완벽하게 해낼 수 없음을 인정하고 남한테 맡길 건 맡기고 포기할 건 포기하기로 마음먹었다.

아토피가 있는 남편과 아이의 음식과 건강에는 신경 쓰지만 김치처럼 품이 많이 드는 음식은 아예 만들지 않는다. 집 안이 좀 지저분해도 치워야 한다는 강박관념을 갖지 않기로 했고 좀 심하다 싶을 땐 가사도우미 서비스로 해결하거나 주말에 몰아서 치우고 있다. 정말 바쁠 땐 가사도우미를 불러 집안일 대신 아이를 봐달라고 부탁하기도 한다.

다행히 남편도 일과 육아, 살림까지 병행하는 것이 얼마나 힘든 일

● 헤이스타트업 참가 당시 모습

인지 잘 알고 있어서 내가 일하는 시간을 만드는 데 전폭적인 지원을 해주고 있다. 회사에 양해를 구하고 아이를 등원시킨 후 출근하거나 반차를 내고 아이를 하원시키는 등의 일을 불편한 기색 없이 맡아주곤 한다.

사정이 정 여의치 않을 땐 지방에 사는 친정 엄마와 오빠를 서울로 불러 아이를 맡긴 적도 있다. 창업 후인 2017년 6월 스타트업 회사들이 세텍SETEC에서 이틀간 '헤이스타트업'을 개최했는데 아침부터 저녁까지 자리를 지켜야 하는 일이라 하루 종일 아이를 봐줄 사람이 필요했다. 그때 친정이나 시댁 가까이 사는 사람이 얼마나 부럽던지.

육아는 여성만의 노동이 아니다

이렇게 여러 사람의 도움을 받아가며 아이를 키우다 보니 내내 머릿속을 떠나지 않는 의문이 있었다.

'왜 아이를 키우는 사람은 당연히 엄마라고 생각할까.'

나처럼 남편이나 가사도우미에게 틈틈이 아이를 맡기는 사람도 있을 테고 친정 부모나 시부모에게 맡기는 경우도 흔하지 않은가. 할머니나 할아버지, 아빠가 주 양육자인 사례도 얼마든지 있고.

전 직장에서 임신 때문에 폭언을 들은 이후 성을 기준으로 사람을 억압하고 차별하는 행위는 결코 용납지 않으리라 다짐했기에 아마도 여기까지 생각이 미친 게 아닌가 싶다. 육아를 여성에게만 전가하는 일, 실제 육아를 맡고 있는 엄마 아닌 사람들의 육아노동을 외면하는 일 모두 불합리하게 여겨졌다.

적어도 내가 선보일 서비스에서는 성에 대한 고정관념을 없애고 싶었다. 이것이 베베템의 철학이라 할 수 있다. 기업이 가진 철학이나 경영 이념 등은 보이지 않게 제품이나 서비스, 마케팅에까지 스며든다. 베베템은 처음부터 성에 대한 고정관념을 깨고 양성평등사회를 만드는 데 작은 힘을 보태고 싶었다. 브랜드 네임을 베베템Bebetem으로 지은 것도 '엄마'라는 이미지를 내세우지 않고 아기용품 관련 서비스로만 인식되기를 바라서였다. 그래서 베베템 소개 글이나 콘텐츠 어디에도 '엄마'라는 단어를 쓰지 않았다. 엄마 아빠는 물론 할머니 할아버지, 이모, 고모 등 아이와의 관계는 물론 연령대도 상관없이 '누구나' 손쉽게 접근할 수 있는 사이트를 표방하는 차원에서 '양육자'라는 표현을 쓰고 싶었으나 대중 정서와 지나치게 먼 표현이라는 주위 만류에 '부모'라는 표현으로 만족하기로 했다.

디자인도 전 연령과 남녀를 모두 아우를 수 있도록 엄마와 아기 이미지는 전혀 사용하지 않고 메인 컬러도 여성적인 느낌이 나지 않도록 보라색을 사용했다. 처음 기획했던 대로 스토리텔링에 근거해 감성적으로 접근하는 방식이 아니라 데이터에 근거해 이성적으로 접근하는 방식도 끝까지 밀어붙였다. 아이 개월 수에 따라 필요한 용품을 한눈에 알아볼 수 있도록 출산 전부터 2세까지 연령별로 필요한 육아용품을 네이버 검색량 데이터와 오픈 마켓 판매 순위를 기준으로 랭킹을 발표하는 시스템이다. 캐치프레이즈도 육아는 여성만의 몫이 아니라는 의미를 담아 '누구나 육아 베테랑이 된다'로 정했다.

앞서 언급한 '헤이스타트업'에서 베베템을 선보였을 때는 남성들이

유독 높은 관심을 보였다. 육아 관련 커뮤니티 사이트 가운데는 엄마, 즉 여성만 가입이 가능한 곳이 많은가 하면 남성의 회원가입은 가능해도 지나치게 여성친화적으로 운영돼 접근이 쉽지 않다고들 했다. 육아용품은 까다롭게 골라도 실패하기 십상인데 정보를 공유하는 사이트로부터도 배제당하는 기분이었다고.

"그런데 여긴 거부감이 안 드네요. 가격대하고 랭킹 보고 판단하면 되니까 저 같은 초보자도 쉽게 살 수 있겠어요."

"육아는 엄마만 하는 노동이 아니다? 신선한데요."

당시는 초창기라 회원 수가 팍팍 늘거나 수익이 발생하는 구조는 아니었지만 내가 지향하는 가치가 시장과 아예 동떨어지지 않았음을 확인하곤 뿌듯했다.

시행착오 속에서
더 크게 성장한다

"꿈을 꾸는 것도 실력이다!"

어느 벤처투자자가 그랬다. 꿈을 꾸는 것도 실력이라고. 꿈을 꾸는 용기도 실력이고 꿈을 성취하기 위해 쏟는 에너지도 실력이라고. 포기하지 않고 끝까지 에너지를 쏟아붓는 집중력과 인내가 진짜 실력이라면 내 꿈도 실현되리라 믿는다. 꿈을 이루는 건 특별한 재능이 아닌 끈질긴 노력의 영역일 테니.

1년 여 준비 끝에 베베템 사이트를 오픈했다. 내가 만든 서비스가 아니라 나 자신을 시장에 내놓는 기분이었다. 하루 종일 사이트를 들여다보며 회원 수를 체크하고 반응을 살폈다. 육아 사이트답지 않은 디자인이나 랭킹만 보여주는 시스템이 낯설다는 반응이 많았으나 '육아용품 살 때마다 헷갈렸는데 도움이 많이 된다'는 반응도 적지 않았다. 그런데 몇 개월 지나지 않아 부족한 부분이 눈에 띄기 시작했다. 국내에서는 독창적인 서비스이므로 사이트만 잘 만들어 운영하면 곧 입소문이 나고, 회원이 늘면서 수익은 저절로 따라오리라 예상했는데 지나고 보니 정말 순진한 생각이었다. 돈을 어떻게 벌지 수익모델을 명확히 하고 서비스를 기획해야 하는 창업, 아니 장사의 기본 중에서도 기본을 망각하고 있었다.

"남 좋은 일만 하고 돈은 못 벌 것"

힌트를 주는 이들이 없진 않았다. 사이트를 오픈하기 전 베베템 서비스를 발표할 기회가 여러 번 있었는데 당시 가장 많이 받은 피드백이 "수익모델이 명확치 않다"는 것이었다. "남 좋은 일만 하고 돈은 못 벌 것"이라고 단언하는 투자자도 있었다.

그때 흘려듣지 말았어야 했다. 오래 매달린 아이템이라고 해도 시장에서 반응이 신통치 않거나 수익모델이 명확치 않으면 빨리 방향을 바꾸는 것이 스타트업의 기본이다. 그래야 쓸데없는 에너지와 비용의 소모를 줄이고 시장에도 기민하게 대처할 수 있게 마련이다. 이렇게 진행하던 아이템을 접고 사업의 방향을 바꾸는 시장 검증 단계를 스타트업에서는 피보팅이라고 한다.

스타트업은 시장에서 가능성을 시험해보는 단계에 있는 회사이므로 피보팅을 잘 해낼수록 성공 가능성이 높아진다. 이미 몸집을 불린 회사보다는 가볍게 움직일 수 있어 피보팅은 스타트업의 권리이자 의

무로 꼽히기도 한다. 그래서 스타트업 회사 가운데는 3개월 주기로 피보팅을 하는 회사도 있다고 들었다. 시장에서 뒤처지거나 회사에 위기가 닥치기 전에 발 빠르게 더 성장 가능성이 높은 방향으로 움직이기 위함이다.

나름 스타트업에 대해 잘 안다고 자부하고 있었음에도 가장 기본이되는 원칙을 외면하고 있었음을 그제야 깨달았다. 남편과 친구까지 동원해가며 1년 넘게 공들인 아이템의 실패를 곧 나의 패배로 받아들이는 마음이 있었기 때문이다. 스타트업에서 아이템의 실패는 흔한 일임에도 창업에 실패한 양 인정하기 싫어하며 오기를 부린 결과였다.

피보팅에 한발 늦은 만큼 피보팅 강행군에 돌입했다. 아이템의 전면백지화까지 각오하며 다시 시장조사를 하고 스타트업에 있는 동료들과 전문가들을 상대로 조언을 구했다.

피보팅의 첫 단계로 아이템을 바꿔보기로 했다. 마침 살충제 달걀과생리대 유해물질 문제로 사회가 떠들썩하던 무렵이어서 육아용품과

● 베베템 설명이미지

여성용품 가운데 유기농과 친환경 제품에 주목했다. 역시 검색량, 판매량 등 데이터를 기반으로 하되 전 성분을 공개하는 콘텐츠와 온라인 매장을 추가해 한 달간 데모 사이트를 운영해보며 소비자 반응을 살폈다.

그다음에는 다시 육아용품으로 돌아가 시장에서 인기 있는 대부분의 제품을 구입해 직접 써보고 비교분석하는 아이템을 시험했다. 유기농/친환경 제품 가운데 오프라인 매장에서 판매되는 모든 기저귀의 성분을 정리하고 기저귀 발진이 있는지, 허벅지가 조이는지 등을 평가하는 작업부터 시작했다. 아이의 아토피 때문에 천기저귀 사용을 기본으로 하지만 어린이집 보낼 때는 어쩔 수 없이 종이기저귀를 써야 하므로 나 또한 관심이 많은 아이템이기도 했다.

검색량과 판매량 기준으로 랭킹 서비스만 제공하던 기존 시스템을 확장해 제품을 비교분석한 데이터를 토대로 구매 가이드라인과 제품을 비교분석하는 영상을 추가한 후 피보팅을 진행했다.

소비자들은 두 번째 아이템에 더 높은 관심을 보였다. 유기농/친환경 제품보다 기저귀 하나라도 꼼꼼하고 세심하게 비교분석한 콘텐츠를 더 필요로 한다는 뜻이었다. 약간의 업그레이드가 된 것을 빼면 돌고 돌아 제자리로 온 것 같지만 소비자가 원하는 콘텐츠를 파악한 것만으로도 큰 성과였다. 기저귀, 젖병, 완구 등 성장 단계에 따라 필요한 육아용품이 좀 더 쉽게 눈에 띄도록 디자인도 바꿨다. 이렇게 피보팅을 거친 이후부터 베베템 접속량이 늘기 시작했다. 2018년 1월 방문자 수가 월 평균 2,000명가량 되더니 많을 땐 4,000명을 넘기기도 했다.

스타트업의 자금줄은 지원사업과 벤처투자자

피보팅 과정은 사이트 오픈을 준비할 때보다 훨씬 힘들었다. 실패를 반복하지 않아야 한다는 중압감도 컸지만 제품을 비교분석하는 과정이 품이 많이 들고 까다로웠다. 내가 얼마나 힘들어하는 모습을 보였던지 남편이 조심스럽게 "포기해도 괜찮다"고 할 정도였다. 예전의 나였으면 '내가 그렇게 무능해 보이나' 싶어 눈부터 치떴을 테지만 그땐 그 한마디가 눈물 나게 고마웠다.

그래, 조금만 더 가보자. 하다하다 안 되면 그때 가서 포기하자. '포기해도 괜찮다'는 말이 이상하게도 '힘내라'는 말보다 더 큰 위안이 됐다.

큰마음 먹고 시작한 피보팅을 응원하듯 8월 초, 꽤 무게감 있는 스타트업 지원사업에도 선정됐다. 정부가 주최하고 성신여대 창업지원단이 주관하는 '2017 스마트창작터 2차 해커톤'이었다. 예비 창업가와 3년 미만의 창업가에게만 참가 자격이 주어졌는데 모두 110명, 51개 팀이 참가한 이 대회에서 나는 창업 준비와 역량이 뛰어난 것으로 인정받아 포텐상을 차지했다. 단, 4팀에게만 수상 기회가 주어지는 지원사업이므로 엄청난 경쟁률을 뚫고 얻어낸 성과였다. 그리고 상금으로 300만 원을 받아 피보팅 비용을 충당했다.

확실히 베베템이라는 서비스가 생기고부터는 사업계획서만 달랑 들이밀 때와는 비교도 되지 않을 정도로 지원사업 선정에 유리했다. '베베템 CEO' 자격을 갖추니 투자자를 대할 때도 훨씬 당당해지는 기분이 었다.

　물론 개중에는 내 트라우마를 건드리는 투자자도 없진 않았다. "유부녀한테는 절대 투자 안 한다"는 사람부터 "사업계획서에 쓰인 숫자가 무슨 뜻인지 아느냐"며 대놓고 무시하는 사람까지. 하지만 스타트업은 지속적인 투자를 받아야 성장해나갈 수 있으므로 상처가 두려워 주저앉아 있을 수는 없었다.

　같은 해 10월에도 성신여대 스마트창작터의 '2차 시장검증 창업팀 평가'가 있었다. 여기서 선정되면 무려 2,000만 원을 지원받는 것은 물론 전국 스마트창작터에서 선정된 팀들과 겨뤄 최종 사업화까지 지원받을 수 있는 길이 열린다. 이 단계까지 가면 5,000만 원 지원은 물론 다양한 창업정보와 교육정보를 얻을 수 있으므로 큰 어려움 없이 시장에 안착할 수 있다.

　창업팀 평가가 진행되는 10월 11일, 만반의 준비를 했음에도 얼마나 떨리던지…. 시장 전문가와 투자자, 고객검증단 등을 상대로 단 5분 만에 베베템의 시장성을 설득해내는 것이 관건이었다. 이번에는 한국을 넘어 중국과 북미 시장으로 진출할 계획도 꼼꼼하게 밝혔다. 국내 시장에도 제대로 진입하지 못한 처지에 너무 큰 계획을 밝히는 것이 자칫 허황돼 보일까봐 초반에는 세계시장 진출 계획을 함부로 입 밖에 내지 못하고 있었다.

　그런데 언젠가 민간투자회사에서 사업계획을 발표할 때였다. 서류가 통과돼 면접을 보는 자리에서 투자회사 대표가 이렇게 지적했다.

　"5년 후, 10년 후 계획이 없네요. 스타트업은 대표가 얼마나 이상적이면서도 현실적인 꿈을 꾸는지도 중요한데…. 목표를 높이 둬야 그 목표를 좇아가려고 더 노력하는 것 아닐까요? 반밖에 이루지 못한다 해도 목표를 100에 두었다가 50을 성취하는 것과 200에 두었다가 100을 성취하는 건 엄연히 다르지요."

투자는 받지 못했어도 당시 돈보다 더 귀한 가르침을 얻었다. 새싹을 키울지 말지 판단하는 입장에서는 이 새싹이 풀로 자랄지, 나무로 자랄지 궁금하게 마련일 텐데 '아직 새싹 주제에'라며 지나치게 스스로를 낮추고 있었음을 깨달았다.

그때부터 막연하게만 생각하던 중국어판과 영어판 베베템을 구상해보기 시작했다. 그리고 사업계획서를 제출할 때나 발표회 때마다 해외시장 진출 계획을 적극적으로 피력하고 있다. 사실 까다롭기로 소문

● 유튜브 베베템 채널 아트

난 한국 사람들 눈높이에 맞출 수만 있다면 중국, 북미 아니라 세계 어디서든 잘 해낼 자신이 있다.

지원사업에 떨어진다 해도 계속 포기하지 않았다. 전국적으로 열리는 스마트벤처캠퍼스라는 프로그램에도 도전했다. 서울권은 경쟁률이 높아, 친정 근처인 대전으로 신청했다. 전략적인 선택이었고 이때는 과거 시행착오에서 배운 바가 있어 혼자 하지 않고 주변의 도움을 적극적으로 구했다. 혼자 사업계획서를 쓰다 보면 매몰되어 문제점을 놓칠 수 있다. 주변 창업자들에게 피드백을 구하고 그들의 조언을 반영했다. 구체적인 비즈니스모델, 5개년과 10개년에 대한 계획 등을 최대한 허황되지 않게 작성했다. 사이트를 지속적으로 운영하면서 얻게 된 유의미한 숫자들도 잘 정리하고, 강조할 부분을 강조했다. 최종 발표일 날 너무 떨려서 먹었던 점심도 토해낸 기억이 난다. 다른 노력을 해서인가 다른 결과가 나온 것일까, 최종 선정되었다. 5,000만 원 이상 되는 돈을 지원받게 되었고, 추가지원도 간간히 받게 되었다. 세무사나 변호사와 만날 수 있는 멘토링 프로그램도 적극적으로 활용하고, 어려운 부분을 터놓고 이야기할 수 있는 적극적인 지원자를 만날 수 있게 된 것이다.

앞으로도 더 많은 지원사업에 응모하고 더 많은 투자자를 찾아다니며 베베템의 사업적 전망에 대해 설명하는 기회를 가지려고 한다.

투자를 받아야만 앞날을 기약할 수 있는 것이 스타트업의 운명이기도 하지만 투자자와 전문가, 소비자들로부터 받는 매서운 평가를 통해 아이템과 사업 방향을 다듬어나가는 과정이 될 것이기 때문이다.

엄마 말고
나로서 살다

아직 걸음마 단계이긴 해도 어엿한 창업가로 봐주는 사람들이 종종 묻곤 한다. 창업은 하고 싶은데 두렵다고. 나도 과정이 모두 아름답지만은 않았다. 하지만 창업을 하고 내가 얻은 것은 정말로 많다. 스스로 목표를 만들고 행동으로 결과를 만들어내는 행동은, 나 자신을 당당하게 만들었다.

창업을 하지 않았으면 보다 편하게 살았을지는 몰라도 지금보다 결코 행복할 것 같진 않다. 성공을 장담할 수는 없지만 스타트업에 도전해 고군분투하는 스스로가 기특하고 내 능력을 몽땅 쏟아부어 키워내고 싶은 대상이 있다는 사실에 충만한 만족감을 느낀다. 아이 돌보는 틈틈이 일할 시간을 짜내야 하므로 시간을 누구보다 알뜰하게 쓰고 있다는 자부심도 나를 행복하게 한다.

엄마들이 일하기 좋은 회사

하지만 그만큼 감내해야 하는 일들도 한 가득이다. '아이는 엄마가 키워야 한다'는 무언의 사회적 압박에서 자유로워지려고 애쓰지만 안 될 때가 많다. 아이가 아프거나 어린이집에 가기 싫다고 할 때마다 내가 일을 하는 게 옳은 걸까 하는 생각이 머릿속을 떠나지 않는다. 하지만 엄마로서의 삶만 있는 것이 아니라 나의 가치를 잃지 않기 위해서는 내가 나를 포기해서는 안 된다.

여러 가지 방법을 동원해 일과 가정의 양립을 추구한다. 특히나 회사 자체를 재택근무 기반으로 만들었다. 또한 나뿐만 아니라 아이를 가진 다른 여성들이 나의 기업에서 즐겁게 일할 수 있기를 바라기 때문이다. 아이템 특성상 아이가 있는 양육자가 적합하기도 하다. 지금껏 함께 일한 4명 중 3명이 모두 아이가 있는 엄마들이었다. 지금도 우리에게 가장 잘 맞는 업무 스타일을 찾기 위해 여러 시도를 하고 있다. 업무용 메신저를 이용해 최대한 온라인으로 대화하고, 화상 미팅으로 만나야만 알 수 있는 분위기나 내용들을 공유한다. 다같이 어린이집 하원할 때 퇴근했다가, 밤늦게 혹은 새벽에 다시 이야기를 나누기도 한다. 정말 같이 나눠야 하는 이야기들은 미리 미팅 시간을 정해 진행한다. 그럴 땐 아이를 돌봐줄 수 있는 분을 함께 불러, 아이를 데리고 회사에 와도 무방하도록 배려한다. 아이를 키우면서 일하기 좋은 회사를 만드는 게, 단순히 기업의 이미지를 위해서가 아니라 내가 그렇게

● 유튜브 채널을 통해 육아 고민을 함께 나누고 노하우와 정보를 제공하고 있다.

일하지 않으면 안 되기 때문이다.

문제가 있다면 어떻게든 해결책을 만들어서 시도하고, 실패하면 다시 시도해보고, 다른 좋은 게 있으면 바로바로 적용한다. 스타트업에서 배운 접근 방법을, 일과 가정의 양립에도 적용해나가고 있다.

작은 승리의 롤 모델이 되고 싶다!

"100억, 200억 매출을 자랑하는 식의 자극적인 성공 스토리가 아닌 작은 승리, 작은 용기의 롤모델이 되고 싶습니다. 그래서 나도 저렇게 해볼까? 나도 저렇게 해야지, 나는 이렇게 바꿔볼까? 하면서 많은 여성들이 용기를 내고 모방을 시도하고 저를 뛰어넘는 발전을 거듭하기를 바랍니다. 저의 작은 성공이 우리 사회에 더 많은 여성 기획자, 여성 창업가들에게 용기를 주는 선례가 될 수 있도록 최선을 다하겠습니다."

2017년 11월 4일, 테크업계에서 일하는 페미니스트들의 모임 '테크페미'가 주최하는 '여성기획자 컨퍼런스'에서 발표한 내용의 일부다. 당시 4명의 강연자 중 한 명으로 초청돼 '엄마'가 없는 육아서비스, 베베템은 왜 '누구나'를 타깃으로 삼았을까?를 주제로 강연하고 참석자들과 질의 응답하는 시간을 가졌는데 얼마나 많은 여성들이 용기와 격려를 필요로 하는지 절감하는 자리였다.

특별하게 유능한 사람들이나 해낼 것 같은 대단한 성공 스토리가 아닌 집에서 애만 키우던 사람, 오랜 경력단절로 자신감을 잃어버린 사람에게도 희망이 될 수 있는 만만한 성공 스토리의 주인공이 되고 싶다고 다시 한번 다짐하는 계기가 됐다.

작은 성공을 나이테처럼 쌓아 시장에 깊이 뿌리내리고 나면 여성창업지원센터를 세워 운영하는 것이 최종 꿈이다. 그래서 내 딸이 살아갈 세상은 '여자'라는 이유로 사회에서 함부로 배제되지 않고, 육아에 발목 잡혀 하고 싶은 일을 포기하지 않아도 되는, 지금보다 나은 세상이 되기를 간절히 바란다.

그날을 하루라도 앞당기기 위해서라도 베베템의 성공이 절실하다. 오늘도 24시간을 꽉 채워 살아가는 이유다. 늘 시간에 쫓겨 발을 동동거리고 어딜 가든 노트북을 들고 다니며 틈만 나면 일하는 것이 습관이 됐다. 지하철이나 버스 안에서 남들 눈 피해 화장하는 데도 이제 도사가 돼가고 있다.

남들은 숨 가빠서 어떻게 사느냐고들 하지만 '여성 창업가 양효진'으로 살아가는 요즈음이야말로 하루하루 사는 맛이 난다. 내 능력을 필요로 하는 일이 있고 이뤄야 할 목표가 있는 삶, 당장은 힘들어도 내가 몸부림치는 만큼 앞으로 나아가고 있음을 확인하는 삶보다 더 생동감 넘치는 삶이 어디 있겠는가.

효율적인 재택근무를
도와주는 도구들

아이 키우면서 일하는 워킹맘에게 '9 to 6'로 일하는 사무실 출퇴근은 여러 모로 힘들다. 베베템은 육아용품 추천 서비스를 제공하는 사업이다 보니 주로 엄마들과 함께 일한다. 그래서 자율적인 재택근무를 기반으로 한 업무 시스템을 만들었다. 각자의 업무를 공유하고 다음 주 할 일을 미리 정한다. 내킬 때 일하는 것이 아니라 일정한 시스템 안에서 자율적으로 일할 수 있게 한다.

또한 배달의민족에서 사용하는 '대장 시스템'을 우리도 활용하고 있다. 한 명 한 명 중요한 업무를 맡고 있기 때문에, 한 프로젝트마다 대장이 존재한다. 대표도 대장이 아니라면 대장이 내린 요청에 따라야 한다. 각자 맡은 일에 책임감을 갖게 하고 명확하게 진행할 수 있는 장점이 있다. 물론 신뢰가 바탕에 깔려 있어야 가능하다. 이외에 재택근무가 오히려 사무실에서 일할 때보다 효율적이려면 몇 가지 도구의 도움을 받으면 좋다.

1) 슬랙(Slack)

슬랙은 2013년에 서비스를 시작한 협업 소프트웨어의 명칭이자 회사이다. 같은 공간에서 일을 하지 않는 만큼 각자가 맡은 일의 진행상황을 정확하게 커뮤니케이션하는 것이 중요하다. 베베템에서는 미리 정해놓은 시간에 '오늘의 일정이 무엇인지' 물어보는 봇(Bot)을 사용해 하루 일정을 자연스럽게 공유한다. 업무마다 채널이 정해져 있어 그 안에서 자유롭게 이야기 나눌 수 있다.

2) 구글 드라이브 & 구글 문서

공유 드라이브인 구글 드라이브, 공유 문서인 구글 문서를 통해 서로의 업무를 실시간으로 확인한다.

3) 트렐로(Trello)

개발 사항의 진척 상황, 필요한 업무들을 게시판 형식으로 보고 싶을 때 중요 업무를 여기에 따로 정리하여 진행한다. 트렐로는 스케줄이나 업무 관리 프로그램으로 많이 이용된다.

4) 행아웃(Hangouts)

행아웃은 사진, 그림 이모티콘, 무료 그룹 화상 통화 기능을 통해 대화에 활기를 넣어주는 구글 애플리케이션이다. 베베템에서 현재 함께 일하는 직원 중 한 명은 오스트리아에, 한 명은 인천에, 그리고 나는 서울에 산다. 행아웃의 화상 통화로 일주일에 한 번씩 자신의 업무 이야기를 공유한다.

그로잉맘_이다랑
으악, 서비스 런칭 앞두고 아이 독감 판정받았어 ㅠㅠ

코코아그룹_김성
아이고, 요새 유행이라잖아. 우리 애들도 지난주 내내
감기 앓아서 나까지 병 날 뻔

율립_원혜성
아이고 우리는 무슨 일만 하려고 하면 맨날 이렇게 애들이 아파

아트상회_김미애
어디 가서 굿이라도 한 판 할까 +ㅂ+

베베템_양효진
그래서 어케요, 독감은?

그로잉맘_이다랑
글쎄, 일단 집에서 애들 보면서 계속 수시로 일해야지.ㅠㅠ

스타일앳홈_김혜송

밥이라도 챙겨먹으면서 애도 보고, 일해요,
우리까지 아프면 진짜 전쟁 나 ㅋㅋ

그로잉맘_이다랑
그나저나 지메일 왜 오늘 내내 안 열려요? 나만이래?

율립_원혜성
아 뭐야, 나만 그런 거 아니었네. 나도 오전에 다 날렸어.

그로잉맘_이다랑
우리 원고 수정본 누가 변환 좀 해서 보내줘.

아트상회_김미애
육아말고뭐라도_진짜최종이어야한다제발.hwp
옛다!

그로잉맘_이다랑
고마워, 역시 새벽에 말 걸어도 파일 주는 건 당신들밖에 없어.
이거 수정 언제까지랬죠?

아트상회_김미애
내일까지. 빨리 달려 ㅋㅋ

코코아그룹_김성
으악. 나 내일 유치원 상담가는 날인데.. 오늘 마무리해야겠네.

스타일앳홈_김혜송
나도 내일 시댁가야 해서 오늘 일 마무리 해야 할 각.

아트상회_김미애
자, 오늘도 맥주나 한 캔 까면서 본격적으로 일 시작해봅시다.

베베템_양효진
잠깐만, 그럼 나는 일단 애기 좀 재우고 올게요. 나 오늘 할 일 많은데
우리 남편은 꼭 이런 날 회식이래.

율립_원혜성
우리도 책 나오고 다같이 모이는 날은, 애들 맡기고 고기 먹으면서
회식이라는 거 해봅시다.ㅎ

스타일앳홈_김혜송
우리 그러고 보면, 다같이 저녁에 만난 적은 한번도 없는 거
알아요? ㅎㅎ

아트상회_김미애
맨날 만나서 일 얘기하고, 4시 땡 치면 하원하느라 뛰어가는
하원요정들이니까 ㅠㅠ

코코아그룹_김성
우리가 이렇게 진짜 책낸 것도 기적인데, 이번엔 우리 정말 애들 맡기고 저녁에 만나서 자유부인 해봅시다.

 스타일앳홈_김혜송
그래요, 나 진짜 밤공기 마신지 오래됐어 엉엉.

 아트상회_김미애

나 지금 표지 시안 잡고 있는데, 이런 느낌 어때요?

 스타일앳홈_김혜송
오 느낌좋다

그로잉맘_이다랑
오우, 좋다. 나도 지금 메일로 도움될만한 자료 보내놓을게요. 저번에 우리 출판할 때 만들었던 자료 있어요.

아트상회_김미애
아우, 역시 든든한 이 여자들.

베베템_양효진
뭐야, 나 재우고 오는 사이에, 다들 한 잔들 하시는 거예요? 잠만, 나도 맥주 꺼내올 거야 기다려요!

스타일앳홈_김혜송
ㅋㅋㅋㅋㅋㅋㅋㅋㅋㅋㅋㅋㅋㅋㅋㅋㅋㅋㅋㅋ

아트상회_김미애
난 술 끊었어

다같이
뻥치지마!

그로잉맘_이다랑

요즘 나 이거 꽂혔는데, 너무 맛있어 강추

 율립_원혜성

모야~ 새벽엔 갈치젓이지 ㅋㅋㅋㅋㅋㅋㅋ

 코코아그룹_김성

자 다같이 거국적으로 한 잔 하고, 얼른 일합시다.
'육아 말고 뭐라도'를 위해 버텨온 우리를 위해,
그리고 곧 나올 우리 책을 위해!

 다같이

짠!!!!!!!!!!!!~

맺는 글

베베템은 19년 3월부로 (주)히든트랙에 인수합병이 되었습니다.

'엄마' 혹은 '육아'라는 저의 역할과 임무에 매몰되지 않고, '양효진'이라는 존재가 살아갈 수 있게 도와주시는 모든 분들께 감사드립니다. 특히나, 전적으로 저를 믿어주고 서비스 개발까지 도맡아주며 사랑을 행동으로 보여준 남편에게 가장 감사합니다. 그리고 건강하게 잘 자라준 아이에게 감사합니다. 그 누구보다 저를 믿어주고 사랑하는 아이가 있었기에, 계속 나아갈 수 있었습니다.

앞으로도 많은 실패와 마주하며 나아가야겠지만, 실패는 해도 패배는 하지 않을 생각입니다. 자신을 잃고 싶지 않아하는 우리는, 결국은 패배하지 않고 승리할거라 믿습니다.

양효진

처음 이 책을 만들자고 할 때 많이 두려웠습니다. 누군가에게 나의 경험을 공유하기엔 그로잉맘이라는 회사는 너무 작고, 저의 삶은 포기하고 싶은 마음과 치열하게 싸우는 날들이었거든요. 하지만 보통의 엄마들처럼 퇴근하고 돌아와 아이를 먹이고 씻기며, 늦은 밤 또 다시 부엌 식탁 한 켠에 앉아 글을 써 내려갔던 저의 평범한 시작이 또 다른 누군가에게 힘이 되지 않을까 하는 마음으로 책쓰기를 결심했습니다. 상담을 하다보면 많은 엄마들이 저에게, 엄마가 되어 행복하지만 엄마만으로 사는 것은 충분하지 않다는 답답함을 호소하곤 합니다.

이 책을 통해 '육아 말고 뭐라도 하고 싶다' 는 마음이 드는 것은 이기적인 것이 아니라 건강하고 당연한 마음이라고 이야기 하고 싶습니다. 그리고 꼭 창업이 아니어도 좋으니, 나만의 '뭐라도'를 찾아가는 엄마들에게 무언가를 시작하도록 격려를 건네는 책이 되었으면 합니다.

이다랑

창업은 저에게 제 자신의 알을 깨고 나오는 과정 같습니다.

깨기 전까지는 매우 고통스럽지만, 깨고 나왔을 때 제 자신의 성장을 느낍니다. 그래서 창업한 게 좋아요. 나 자신을 더욱 사랑할 수 있게 돼서 좋아요. 거기다 돈을 많이 벌 수 있다면 더욱 좋겠죠? 욕심일까요? ㅎㅎ

원혜성

아이와 잠자리에 누워 책을 읽어주다가 문득 그런 생각이 들었습니다. 이 아이에게 엄마는 어떤 존재로 기억되고 있을까. 매일 종종거리며 뛰어다니고, 수시로 컴퓨터 앞에 앉아 전화 통화를 해대는 엄마의 모습에 서운해하지는 않을까. 그러다 아이를 꼭 한 번 안아봅니다. 어제보다 나은 오늘을 위해 천천히 걸어가는 엄마의 뒷모습을 이 아이가 다 보고 있을 거라 믿어보면서 말입니다. 오늘도 육아로, 일로, 천천히 걸어가는 엄마들과 손잡고 같이 걸어갈 수 있는 책이 되길 바라 봅니다.

김미애

창업에 대한 이야기를 하기에 저는 전혀 대단하지도 않고 돈을 많이 번 것도 아니에요. 하지만 엄마로, 창업가로, 저는 지금 행복한 삶을 살고 있는 건 분명한 것 같아요. 혹시 본인의 만족을, 또 행복을 위해서 창업을 준비하고 계신 분들이 있다면, 저의 이야기가 조금이나마 도움이 되었으면 좋겠습니다. 마지막으로 제가 여기까지 올 수 있도록 세상에서 가장 큰 사랑과 행복을 준 우리 딸 은채와 남편, 부모님께 감사와 사랑을 전합니다.

김혜송

맺는 글

큰아이가 올해 초등학교를 갔습니다. 그러니까 저도 엄마경력이 어느 덧 7년이 되었더라구요. 출산하고 나서, 내가 다시 사회에 나가 일을 할 수 있을까? 육아 말고 뭐라도의 절박함만 있었는데, 엄마경력 7년 만에 일도 하고, 이렇게 책도 쓰고 있네요. 더디지만 꾸준히, 빠른 거북 이처럼 엄마로써도, 일하는 한 사람으로도 성장하렵니다.

한 사람의 열 걸음보다 열 사람의 한 걸음처럼이란 말처럼, 이 세상 엄마들과 다 같이 한발자국, 나아가는 책이 되었길 바랍니다.

김성

육아 말고 뭐라도

워라밸과 네트워크로 무장한 밀레니얼 엄마가 온다

초판 1쇄 인쇄   2019년 4월 16일
초판 1쇄 발행   2019년 4월 25일

지은이 김혜송, 이다랑, 원혜성, 김미애, 김성, 양효진
펴낸이 오세인 | **펴낸곳** 세종서적(주)

주간 정소연 | **기획** 이진아 콘텐츠컬렉션 | **편집** 이민애 | **디자인** 김미애
마케팅 김형진 임세현 | **경영지원** 홍성우 윤희영

출판등록   1992년 3월 4일 제4-172호
주소   서울시 광진구 천호대로132길 15, 세종 SMS 빌딩 3층
전화 마케팅   (02)778-4179, **편집** (02)775-7011 | **팩스** (02)776-4013
홈페이지   www.sejongbooks.co.kr | **블로그** s ejongbook.blog.me
페이스북   www.facebook.com/sejongbooks | **원고 모집** sejong.edit@gmail.com
ISBN 978-89-8407-759-1 (03320)

이 도서의 국립중앙도서관 출판예정도서목록(CIP)은
서지정보유통지원시스템 홈페이지(http://seoji.nl.go.kr)와
국가자료종합목록시스템(http://www.nl.go.kr/kolisnet)에서 이용하실 수 있습니다.
(CIP제어번호 : CIP2019014171)